AF270734

EJU対策シリーズ

Examination for **J**apanese **U**niversity Admission
for International Students

日本留学試験 日本語 総合対策問題集

EJU Japanese Comprehensive Preparation: Practice Questions
日本留学考试 日语综合对策问题集
Kỳ thi du học Nhật Bản Tiếng Nhật Bài luyện tập tổng hợp

片桐史尚・岩佐靖夫・大崎功◉共著

Jリサーチ出版

本書をお使いになる皆さんへ

　日本留学試験は、2002年度より、留学生のための日本の大学入学試験の一つとして、それまで実施されていた私費外国人日本留学生統一試験にかわるものとして実施されている試験です。6月と11月の年間2回実施され、受験生は受験する大学の指定に基づいて、日本語、理科、総合科目、数学の四科目の中から受験します。日本語の試験科目は試験時間と配点が最も多く、記述、読解、聴読解、聴解の四つの領域で構成されています。

　日本語科目では、日本語能力試験などではあまりなじみのない記述と聴読解の二つの領域の問題が出題されています。

　記述問題は、作文形式による問題です。これは、テーマに沿って自分の意見を自由に書くという問題ではなく、出題されている事柄についてどう考えるかという問題です。典型的な問題として、提示されている二つのテーマのどちらかを選び、それに沿って規定字数内で自分の意見を作文としてまとめます。自分の考えを一定の分量の中にどううまくまとめるかということを考えながら、指定時間内に書き上げなければなりません。

　聴読解問題は、絵や表、グラフなど、主に絵によって書かれている情報をもとに、正しい解答を一つ選ぶという問題です。必ずしも四つの絵があるわけではなく、絵がグラフであったり表であったりします。

　本書は、実際の日本留学試験の出題傾向に基づき作成されています。本書の問題で練習して、試験の出題傾向をつかんでください。

◆ 本書の使い方 ◆
ほんしょ　つか　かた

　本書は、日本留学試験の日本語科目の対策用として作成された問題集です。独学用としても、また、日本語学校などの日本語教育機関の教材としても使用できます。以下の点にご留意いただき、使用していただければ幸いです。

　本書では、記述、読解、聴読解、聴解の四領域をそれぞれ集中的に学習できるように、10回分の試験問題を領域別にまとめました。最後には、実際の試験の直前の対策ができる模擬試験を1回分用意してあります。独学の皆さんも、先生が教室で指導される場合も、この四領域のそれぞれを集中的に行うことで、その領域の着実な実力養成ができます。

〈本書の構成〉

PART1 準備編 試験の内容・形式を知る	記述問題	CD1
	読解問題	
	聴読解問題	
	聴解問題	
PART2 実戦トレーニング編 （第1〜第10回） 試験に形式に慣れ、弱点を強化する	記述問題　1題（30分）	
	読解問題　2題（5分）	
	聴読解問題　2題（5分）	
	聴解問題　2題（5分）	
PART3 模擬試験 トレーニングの仕上げ・実力チェック	記述問題　1題（30分）	CD2
	読解問題　17題（40分）	
	聴読解問題　12題（55分）	
	聴解問題　15題	

記述の問題は、解答例は一つの参考として、自分が知っている言葉を使って自分の表現で何度か書き直してみることで、より効果があります。読解の問題は、難しいと思われることばには問題文の中に＊をつけて解説を付けましたので、問題を解いたあとの語彙力の増強に役立てていただければと思います。聴解と聴読解の問題は、問題の演習後、聞きとれずに難しかったことばをもう一度確認し、全体の復習をしていただければ効果が高まります。

　各領域の問題を解いたあとで、難しいと思われることばや文型を確認、復習することで、学習効果が一層高まります。

　実戦トレーニング編の一回分は、記述一題、読解・聴読解・聴解各二題です。一回分の時間配分は、実際の試験を想定し、記述は約30分、読解・聴読解・聴解はそれぞれ約5分を目安としてください。

　四領域をまんべんなく一緒に練習したい場合は、記述、読解、聴読解、聴解のそれぞれの一回分を通して行ってください。一回分を通して行う場合は、約45分を目安としてください。

　この本で勉強して、皆さんが日本留学試験に合格されることを願っています。

片桐　史尚

岩佐　靖夫

大崎　功

◆ 目　次 ◆

How to Download Voice Data

STEP1	Visit the website for this product! This can be done in three ways.

- Scan this QR code to visit the page.
- Visit https://www.jresearch.co.jp/book/b331319.html
- Visit J Research's website (https://www.jresearch.co.jp/), enter the title of the book in "Keyword," and search for it.

STEP2	Click the "Voice Data Download) button the page!

STEP3	Enter the username "1001" and the password "23683" !

STEP4	Use the voice data in two ways! Listen in the way that best matches your learning style!

- Download voice files using the "Download All Voice Files" link, then listen to them.
- Press the ▶ button to listen to the voice data on the spot.

---

* Downloaded voice files can be listened to on computers, smartphones, and so on. The download of all voice files is compressed in .zip format. Please extract the files from this archive before using them. If you are unable to extract the files properly, they can also be played directly.

For inquiries regarding voice file downloads, please contact: toiawase@jresearch.co.jp (Business hours: 9 AM – 6 PM on weekdays)

音声ダウンロードの手順

STEP1 商品ページにアクセス！ 方法は次の3通り！

- QRコードを読み取ってアクセス。
- https://www.jresearch.co.jp/book/b331319.html を入力してアクセス。
- Jリサーチ出版のホームページ（https://www.jresearch.co.jp/）にアクセスして、「キーワード」に書籍名を入れて検索。

STEP2 ページ内にある「音声ダウンロード」ボタンをクリック！

STEP3 ユーザー名「1001」、パスワード「23683」を入力！

STEP4 音声の利用方法は2通り！ 学習スタイルに合わせた方法でお聴きください！

- 「音声ファイル一括ダウンロード」より、ファイルをダウンロードして聴く。
- ▶ボタンを押して、その場で再生して聴く。

※ダウンロードした音声ファイルは、パソコン・スマートフォンなどでお聴きいただくことができます。一括ダウンロードの音声ファイルは.zip形式で圧縮してあります。解凍してご利用ください。ファイルの解凍が上手く出来ない場合は、直接の音声再生も可能です。

音声ダウンロードについてのお問合せ先：toiawase@jresearch.co.jp（受付時間：平日9時〜18時）

PART 1

準備編

記述問題
読解問題
聴読解問題
聴解問題

記述問題の解き方

　記述問題では、二つのテーマが提示され、どちらか一つを選んで答えるというパターンの問題がよく出題されています。

［例］

　お酒は社会で必要になる場面もあるから、体質的にどうしても飲めない場合はしかたないが、そうでなければ、慣れておいたほうがいい、という意見があります。これについて、お酒の長所と短所の説明をして、あなたの意見を書いてください。

　食べ物に人工的に色をつけるのは、色をつける材料が体によくないのでやめるべきだ、という意見があります。料理がおいしそうに見え、食欲を高めるという肯定的な意見にも触れて、あなたの意見を書いてください。

［１つめのテーマについての解答例］

　お酒は、その人の体質によって飲める量に違いが出ることになりますが、お酒が弱い人でも、自分が飲める量を知り、その範囲で飲むことで、徐々に慣れていくことができると思います。

　お酒は、飲みすぎると体に悪いですし、酔うと、人に迷惑をかけたり、よくない発言をしたりすることもあります。しかしその一方で、お酒が持つ力が人間関係を円滑にしてくれることも事実だと思います。私たちは、仕事を通じてだけの人間関係ではどうしても緊張しがちで、一定の距離を置いた人間関係になり、ストレスもたまりやすくなります。そうした中にお酒が入ることで、雰囲気が一気に和やかになることがあります。お酒の持つこのような利点を考えれば、お酒が弱い人も抵抗感がなくなり、お酒を飲むことを楽しく感じるようにもなると思います。

　また、お酒の楽しみは、一人でゆっくりと飲むことにもあると思います。一人でお酒を飲むことで、リラックスして、いろいろなことをじっくり考えることもできると思います。

　適度にお酒を飲むことは、成人になってからの社会でさまざまな役割を持っていると考えます。

　上記で461字になります。「〜と思います」などの文型を使って、自分の意見や考えを簡潔に書きましょう。具体例や自分の経験をまじえ、テーマになっていることについて、長所と短所、または肯定的な見方と否定的な見方を対比させながら、述べていきます。

［2つめのテーマについての解答例］

　私は食べ物に色をつけるのはよくないと思います。なぜなら、色をつけるために使われる材料に有害な物質が含まれていることが多いからです。伝統的な日本料理のように、自然にあるものをうまく使う場合もありますが、大量生産される食品には、人工的に作られる化学的な材料が多く使われます。

　以前、健康と食べ物に関する記事を読んだときも、商品が売れるように食品会社がそのような材料を多く使っている実態が紹介され、驚いたことがあります。商品の成分表示を見ればすぐにわかることですが、本当にあらゆる食品に使われています。そして、その記事の中で特に考えさせられたのは、長い間、人工的に色をつける材料を食べ物と一緒にとり続けると、それが体内に蓄積され、直接的な原因ははっきりしないものの、さまざまな病気を引き起こすということです。

　確かに、色鮮やかな食品は見た目もきれいですし、食欲を促す効果もあるでしょう。しかし、体に有害な成分については、取り除いていくべきだと思います。いちばん大切なのは、人間の体なのですから。

　上記で441字になります。

　読みやすく、わかりやすい文章にするために、次のことを心がけましょう。

● 重複を避け、順序よく書く。
● 抽象的になりすぎないよう、具体的に。
● 一つの文が長くなりすぎないよう、簡潔に。
● 書き出しの部分で時間をかけすぎない⇒たとえば、結論や問題提起などを短い文で示し、文章全体の流れをつくる。
● 文と文のつながりに気をつけながら、文章の流れをわかりやすくする。ただし、接続詞の使い過ぎにも注意する。

□一般的（な）：general ／一般／ bình thường

□一方：on the other hand ／一方面／ mặt khác

□恩恵：favor ／恩惠／ ân huệ

□結論：conclusion ／结论／ kết luận

□肯定（する）：(to) affirm ／肯定／ khẳng định

□このように：like this ／这样的／ như vậy

□賛成（する）：(to) agree ／赞成／ tán thành

□〜しかねません：unable to 〜 ／可能 〜／ có nguy cơ 〜

□実践（する）：to practice ／实践／ thực hành

□実に：truly ／确实／ thật sự

□示す：to indicate ／表示／ chỉ ra

□状況：situation ／状况／ tình hình

□消極的（な）：pessimistic ／消极／ tiêu cực

□〜すべきだと思います：think that 〜 should be done ／我觉得应该〜／ tôi nghĩ rằng nên 〜

□〜するおそれがあります：may be liable to 〜 ／恐怕〜／ có nguy cơ 〜

□〜することになりかねません：may end up 〜ing ／可能会〜／ có nguy cơ 〜

□積極的（な）：assertive ／积极／ tích cực

□想像（する）：(to) imagine ／想象／ tưởng tượng

□〜たことがあります：have 〜 before ／〜过／ đã từng 〜

□確かに：certainly ／确实／ đúng là

□例えば：for example ／比如／ ví dụ

□〜として：as 〜 ／作为〜／ với tư cách là 〜

□というのも：because ／所说的也〜 ／ bởi vì

□なぜなら：the reason is ／因为／ bởi vì

□〜にとって：as for 〜 ／对〜来说／ đối với 〜

□〜にもかかわらず：regardless of 〜 ／尽管〜／ mặc dù 〜

□〜は欠かせません：〜 is indispensable ／不可缺少〜／ không thể thiếu 〜

□反対（する）：(to) oppose ／反对／ phản đối

□否定（する）：(to) deny ／否定／ phủ định

□〜べきでしょう：shoul 〜 ／应该〜／ tôi nghĩ rằng nên 〜

□本来：originally ／本来／ đáng lẽ

□まずは：to begin with ／首先／ trước tiên

□ますます：increasingly ／越来越／ càng ngày càng

□むしろ：rather ／与其…不如／ thà

□もちろん：of course ／当然／ dĩ nhiên

□最も重要：most important ／最重要／ quan trọng nhất

□やはり：after all ／还是／ quả nhiên

□予想（する）：(to) expect ／预想／ dự đoán

□予測（する）：(to) predict ／预测／ dự đoán

□より重要：even more important ／比〜重要／ quan trọng hơn

読解問題の解き方

読解問題については、主に以下の二つのタイプが例年出題されています。

① （　　　　）の中に正しいものを入れる問題

[例] 次の文章の（　Ａ　）に入るものとして最も適当なものはどれですか。

　タイを訪れた時のことである。左手で人の頭を撫でるのは*タブーであると知っていながら、タイで可愛い女の子を見た時、（　Ａ　）。女の子はひどく迷惑そうな顔をしたが、その時、自分ではなぜ女の子が迷惑そうな顔をしたのか、その意味がわからなかった。後になって、左手で人の顔を撫でてはいけないことを知り、はっと気付いた。日本を出発するまで、左手で人の頭を撫でてはいけないとわかっていても、自分としては何の悪気もなく無意識に出てしまった行為なのである。最近、異文化交流の必要性がさかんに言われているが、自国で習慣づけられている行動を、異文化交流の際に上手に変えることは、並大抵のことではないことをつくづく感じた。

*タブー：してはいけないと決められていること。禁忌事項。

1．うっかり左手で人の頭を撫でてしまった
2．うっかり右手で人の頭を撫でてしまった
3．うっかり左手で私の頭を撫でてしまった
4．うっかり右手で私の頭を撫でてしまった

　答えは１番です。このような問題では、（　　）の前後の内容をつかみながら、文と文、あるいは節と節などが、矛盾しないでつながるかどうかを確認します。直前や直後の部分が重要な場合が多いですが、少し離れた部分が関係する場合もあります。この問題では、「左手で人の頭を撫でるのはタブー」と「〜ながら」の意味を理解するのがポイントです。また、この「〜ながら」は「〜のに」と同じような意味であることに注意が必要です。

②文章の趣旨や内容に合っているものを選ぶ問題

[例] 次の文章で、筆者が言いたいものとして最も適当なものはどれですか。

　一緒に旅行をする時は、二人よりも三人のほうがよい、という説がある。それは二人だと、いったん、仲が悪くなると、手のつけようがなくなるが、三人おれば、そのなかの一人が仲介に入ることができるから、最悪の事態に至らずにすむというのである。しかし一方では、三人旅は避けた方がよいという説もある。それはその中の二人が親しくなって、他の一人がのけものにされる恐れがあるからだというのである。そうなると四人旅がいいことになるが、こんどは二人ずつ組になって対立する危険が生じるであろう。結局どこまで行っても果てしがない。

（河盛好蔵『人と付き合う法』新潮文庫より）

１．旅行をするときは、二人旅がよい。

２．旅行をするときは、三人旅がよい。

３．旅行をするときは、四人旅がよい。

４．旅行をするときは、何人旅がよいかは言えない。

　答えは４番です。このように筆者が言いたいことを問う問題、また、文章の内容と合っているかを問う問題の場合、まず、文章全体を速読して要点をつかみます。その上で、文章の内容に合っていない選択肢を除外しながら、答えを絞っていくのが確実なアプローチです。

読解問題に出ることば

どっかいもんだい で

A. 自然（しぜん）

- □枝（えだ）：branch ／樹枝／ cành cây
- □外来種（がいらいしゅ）：non-native species ／外来種／ loài xâm lấn
- □花粉（かふん）：pollen ／花粉／ phấn hoa
- □気象（きしょう）：weather ／气象／ khí tượng
- □恐竜（きょうりゅう）：dinosaur ／恐龙／ khủng long
- □現象（げんしょう）：phenomenon ／现象／ hiện tượng
- □洪水（こうずい）：flood ／洪水／ lũ lụt
- □山頂（さんちょう）：summit ／山顶／ đỉnh núi
- □資源（しげん）：resource ／资源／ tài nguyên
- □斜面（しゃめん）：slope ／斜面／ mặt nghiêng
- □出現（しゅつげん）（する）：to appear ／出现／ xuất hiện
- □神秘（しんぴ）：mystical ／神秘／ thần bí
- □生態（せいたい）：ecology ／生态／ sinh thái
- □成長（せいちょう）（する）：to grow ／成长／ trưởng thành
- □絶滅（ぜつめつ）（する）：to go extinct ／绝灭／ tuyệt diệt
- □退化（たいか）（する）：to degenerate ／退化／ thoái hoá
- □漂う（ただよう）：to drift ／飘／ trôi nổi, lửng lơ
- □地球温暖化（ちきゅうおんだんか）：global warming ／全球变暖／ ấm lên toàn cầu
- □天然（てんねん）：nature ／天然／ thiên nhiên
- □根（ね）：root ／根／ rễ
- □発生（はっせい）（する）：to occur ／发生／ phát sinh
- □繁殖（はんしょく）（する）：to multiply ／繁殖／ sinh sôi
- □氷河（ひょうが）：glacier ／冰河／ băng hà

- □保護（ほご）（する）：to protect ／保护／ bảo hộ
- □ほ乳類（にゅうるい）：mammal ／哺乳类／ động vật có vú
- □幹（みき）：trunk ／树干／ thân cây
- □群れ（むれ）：group, flock, herd ／群／ bầy, đàn
- □野生（やせい）：wild ／野生／ hoang dã
- □大気（たいき）：atmosphere ／大气／ không khí

B. 教育（きょういく）・研究（けんきゅう）

- □育成（いくせい）（する）：to develop ／培育／ đào tạo
- □概念（がいねん）：concept ／概念／ khái niệm
- □課外活動（かがいかつどう）：extracurricular activity ／课外活动／ hoạt động ngoại khoá
- □学説（がくせつ）：theory ／学说／ học thuyết
- □仮説（かせつ）：hypothesis ／假设／ giả thuyết
- □科目（かもく）：subject ／科目／ môn học
- □研修（けんしゅう）：training ／研修／ tập sự
- □検証（けんしょう）（する）：to verify ／验证／ kiểm chứng
- □試み（こころみ）：attempt ／尝试／ việc thử
- □参照（さんしょう）（する）：to refer ／参照／ tham khảo
- □視点（してん）：point of view ／视点／ điểm nhìn, quan điểm
- □塾（じゅく）：cram school ／补习班／ lớp học thêm
- □受講（じゅこう）（する）：taking a course ／听讲／ đăng ký tham gia lớp học
- □奨学金（しょうがくきん）：scholarship; student loan ／奖学金／ học bổng

□成果：accomplishment ／成果／ thành quả

□前提：condition ／前提／ tiền đề

□達成（する）：to achieve ／达成／ thành đạt

□単位：credit ／学分／ đơn vị học trình

□定義（する）：to define ／定义／ định nghĩa

□手掛かり：clue ／线索／ đầu mối (để từ đó phát triển thành một sự việc nào đó)

□分析（する）：to analyze ／分析／ phân tích

□履修（する）：credit ／修、攻、洗修／ đơn vị học trình

□領域：area ／领域／ lĩnh vực

□理論：theory ／理论／ lí luận

□論理：logic ／伦理／ logic

□過疎：depopulation ／过稀／ giảm dân số

□規制（する）：to control ／限制／ quy chế

□規定（する）：to provide ／规定／ quy định

□規範：rule ／规范／ quy phạm

□形態：form ／形态／ hình thái

□原則：principle ／原则／ nguyên tắc

□憲法：constitution ／宪法／ hiến pháp

□権力：authority ／权力／ quyền lực

□財政：finance ／财政／ tài chính

□仕組み：mechanism ／构造／ cơ cấu

□施行（する）：to enforce ／实施／ thi hành

□出生率：birth rate ／出生率／ tỉ lệ sinh con

□推進（する）：to pursue ／推进／ thúc đẩy

□政策：policy ／政策／ chính sách

□制度：system ／制度／ chế độ

□勢力：power ／势力／ thế lực

□促進（する）：to promote ／促进／ xúc tiến

□訴訟（する）：to bring lawsuit ／诉讼／ kiện

□統計（する）：to tabulate ／统计／ thống kê

□当選（する）：to win an election ／当选／ trúng cử

□統治（する）：to govern ／统治／ thống trị

□取り締まる：to keep control over ／检查／ quản thúc

□民主的：democratic ／民主的／ một cách dân chủ

□インフレ：inflation ／通货膨胀／ lạm phát

□売上：sales ／营业额／ doanh thu

□営業：operations ／营业／ kinh doanh

□格差：gap ／差别／ chênh lệch

□活発（な）：active ／活泼／ hoạt bát

□企画：planning ／企业规划／ kế hoạch

□起業（する）：to start a business ／创业／ bắt đầu kinh doanh

□競う：to compete ／竞争／ cạnh tranh

□規模：size ／規模／ quy mô
□業績：to start a business ／创业／ bắt đầu kinh doanh
□勤続：staying in a company ／连续工作／ làm việc liên tục
□雇用（する）：to hire ／雇用／ thuê người làm
□採用（する）：to employ ／采用／ tuyển dụng
□事業：business ／事业／ dự án
□収益：profit ／收益／ lời lãi
□従業員：employee ／员工／ nhân viên
□昇進（する）：to get promoted ／晋升／ thăng tiến
□消費（する）：to consume ／消费／ tiêu dùng
□人材：human resources ／人才／ nhân tài
□正規：legitimate, full-time ／正规／ chính quy
□生産（する）：to produce ／生产／ sản xuất
□退職（する）：to retire ／退休／ nghỉ việc
□宅配：home delivery ／送货上门／ chuyển đồ đến nhà
□通信販売：mail order ／杂志购物／ bán hàng qua bưu điện
□デフレ：deflation ／通货紧缩／ giảm phát
□転職：job change ／换工作／ đổi nghề, chuyển việc
□販売（する）：to sell ／贩卖／ buôn bán
□ブーム：boom ／流行／ bùng nổ
□物価：price ／物价／ giá cả
□赴任（する）：go to a new post ／赴任／ chuyển đến một nơi nào đó để nhận chức

□報酬：payment ／报酬／ thù lao

E. 技術・産業

□開発（する）：to develop ／开发／ phát triển
□移転（する）：to relocate ／搬到／ di chuyển, chuyển giao
□革新：innovation ／革新／ đổi mới
□加工（する）：to manufacture ／加工／ gia công
□仮想：imagination ／假想／ ảo
□技能：ability ／技能／ kĩ năng
□供給（する）：supply ／供应／ cung cấp
□原子力発電：nuclear power generation ／核发电／ phát điện hạt nhân
□交通網：transportation network ／交通网／ mạng lưới giao thông
□効率：efficiency ／效率／ năng xuất
□システム：system ／系统／ hệ thống
□省エネ：energy-conserving ／节能／ tiết kiệm năng lượng
□人工衛星：man-made satellite ／人工卫星／ vệ tinh nhân tạo
□性能：performance ／性能／ tính năng
□装置：equipment ／装置／ thiết bị
□素材：material ／素材／ nguyên liệu
□通信：communication ／通信／ truyền thông
□燃料：fuel ／燃料／ nhiên liệu
□廃棄（する）：to dispose ／废弃／ vứt bỏ

□排水：drainage ／排水／ thải nước
□発展（する）：to develop; to expand ／発展／ phát triển
□万能：all-purpose ／万能／ vạn năng
□肥料：fertilizer ／肥料／ phân bón
□復興：reconstruction ／复兴／ phục hưng
□養殖（する）：aquaculture ／养殖／ nuôi trồng

□安静：rest ／安静／ yên tĩnh
□過労：overwork ／过度劳累／ lao động quá sức
□感染：infection ／感染／ lây nhiễm
□急性：acute ／急性／ cấp tính
□筋肉：muscle ／筋肉／ cơ bắp
□抗体：antibody ／抗体／ kháng thể
□細胞：cell ／细胞／ tế bào
□障害：impediment ／障碍／ cản trở
□症状：symptom ／症状／ triệu chứng bệnh
□処置：treatment ／处置／ xử trí, điều trị
□処方：prescription ／处方／ phương thuốc
□神経：nerve ／神经／ thần kinh
□診療：diagnosis ／诊疗／ khám
□水分：fluid ／水分／ nước
□睡眠：sleep ／睡眠／ giấc ngủ
□ストレス：stress ／精神压力／ căng thẳng, stress
□長寿：longevity ／长寿／ trường thọ
□伝染病：infectious disease ／传染病／ bệnh truyền nhiễm
□脳：brain ／脑／ não

□疲労：fatigue ／疲劳／ sự mệt mỏi
□不調：poor condition ／不舒服／ sự không khoẻ
□発作：seizure ／发作／ lên cơn, phát ra (bệnh)
□マッサージ：massage ／按摩／ mát xa
□慢性：chronic ／慢性／ mãn tính
□免疫：immunity ／免疫／ miễn dịch
□和らげる：to relieve ／缓解、减轻／ làm dịu đi
□ワクチン：vaccine ／预防针／ vắc-xin

□沿線：along a rail line ／沿线／ dọc tuyến đường (tàu điện)
□（家電）量販店：volume retailer ／大型电器店／ cửa hàng giảm giá
□育児（する）：to bring up ／抚养孩子／ chăm sóc trẻ
□外観：exterior ／外观／ bên ngoài
□介護（する）：nursing ／看护／ chăm sóc người già/người khuyết tật/bệnh nhân
□家計：home finances ／家庭开支／ kinh tế gia đình
□貸し出し（する）：lend ／借出／ cho thuê, cho mượn
□過疎：depopulated ／非常稀少／ giảm dân số
□帰省（する）：return home ／回家探亲／ về quê
□グルメ：gourmet ／美食家／ sành ăn
□郊外：suburban ／郊外／ ngoại ô
□災害：disaster ／灾害／ thảm hoạ

□実家：family home ／娘家／ nhà bố mẹ đẻ

□出産（する）：to give birth ／分娩／ sinh con

□旬：season ／旺季／ mùa tốt nhất

□食材：ingredient ／食材／ nguyên liệu (món ăn)

□世帯：household ／户、家庭／ gia đình

□世代：generation ／住户／ thế hệ

□騒音：noise ／噪音／ tiếng ồn ào

□徒歩：walk ／徒步／ đi bộ

□避難（する）：evacuate ／避难／ tránh nạn

□返却（する）：to return ／还／ trả lại

□保育所：nursery ／托儿所／ nhà trẻ

□防災：disaster prevention ／防灾／ phòng chống thiên tai

□余暇：leisure time ／余暇／ rảnh rỗi

□リサイクル（する）：to recycle ／再利用／ tái sử dụng, tái chế

□老後：old age ／老后／ tuổi già

□防犯：crime prevention ／防犯／ phòng chống tội phạm

H. 考え・行動

\ □促す：urge ／催促／ thúc đẩy

□衰える：wither ／衰退／ suy thoái

□思惑：expectations ／思虑／ suy nghĩ, đầu cơ

□共感（する）：to empathize ／同感／ đồng cảm

□緊張（する）：to be nervous ／紧张／ căng thẳng

□警戒（する）：to be cautious ／警戒／ cảnh báo

□懸念（する）：to worry ／悬念／ lo ngại

□検索（する）：to search ／检索／ truy cập

□混同（する）：to be confused ／混同／ lẫn lộn

□志向（する）：intention ／志向／ chí hướng, ý định

□指摘（する）：to identify ／指摘／ chỉ trích

□説得（する）：to persuade ／劝说／ thuyết phục

□断言（する）：to declare ／断言／ nói dứt khoát

□中傷（する）：to slander ／中伤／ phí bảng

□同情（する）：to sympathize ／同情／ đồng cảm

□取りかかる：begin ／着手／ bắt tay vào

□認識（する）：to recognize ／认识／ nhận thức

□把握（する）：to grasp ／把握／ nắm bắt

□配慮（する）：to consider ／考虑／ suy nghĩ, quan tâm đặc biệt đến ai/cái gì đó

□反感：antipathy ／反感／ phản cảm

□反発（する）：to oppose ／抗拒／ phản đối

□非難（する）：to blame ／非难／ trách móc

□分担（する）：to split, to allot ／分担／ phân công

□優先（する）：to prioritize ／优先／ ưu tiên

□抑制（する）：to control, to restrain ／抑制／ kiềm chế

□個性：individuality ／个性／ cá tính

□合意（する）：to agree ／协议／ đồng ý

□痛感（する）：to feel keenly ／痛感／ cảm thấy sâu sắc

□欲望：desire ／欲望／ dục vọng

□愛想：courtesy ／和蔼／ thiện cảm

□異性：opposite sex ／异性／ dị tính, khác giới tính

□感慨：strong emotion ／感慨／ cảm khái, cảm xúc

□勤勉（な）：studious ／勤奋／ cần cù

□興奮（する）：to become excited ／兴奋／ hưng phấn, hào hứng

□情緒：emotion ／情绪／ cảm xúc

□真摯（な）：sincere ／真挚／ thật thà, thành thực

□心情：sentiment ／心情／ tâm trạng

□信頼（する）：to trust ／信赖／ tin cậy

□誠実（な）：honest ／诚实／ thành thực

□成熟（する）：to mature ／成熟／ thành thục

□切実（な）：earnest ／切实／ tha thiết

□巧み（な）：skilled, clever ／巧妙／ khéo léo

□動揺（する）：to shake ／动摇／ dao động

□忍耐：endurance ／忍耐／ kiên nhẫn

□憤慨（する）：to be indignant ／愤慨／ phẫn uất

□もったいない：wasteful ／可惜／ lãng phí, tiếc

□理性：reason ／理性／ lí tính, lí trí

□冷淡（な）：indifferent ／冷淡／ lạnh lùng

□温厚（な）：gentle ／温厚／ đôn hậu

□和やか（な）：gentle ／和气／ ôn hoà

□著しい：striking ／显著／ nổi bật

□及ぶ：to reach ／涉及／ đạt đến

□軽減（する）：to reduce ／减轻／ giảm bớt

□形成（する）：to form ／形成／ hình thành

□滑稽（な）：comical ／滑稽／ buồn cười

□混沌：chaotic ／混沌／ lẫn lộn, hỗn độn

□至急：urgent ／紧急／ lập tức

□充実（する）：to make full ／充实／ sung túc

□衝撃：impact ／打击、冲击／ sốc

□随時：as needed ／随时／ bất cứ lúc nào

□衰退（する）：to decline ／衰退／ suy thoái

□多様（な）：diverse ／多样／ đa dạng

□甚だしい：extreme ／甚至／ quá mức

□余地：margin ／余地／ dư dả

□両立（する）：to coexist ／两立／ làm song song cả hai việc

□一変（する）：complete change ／急变／ thay đổi hoàn toàn

□匹敵する：to rival ／匹敌、不下于／ ngang hàng, ngang tài, ngang sức

聴読解問題の解き方

　聴読解問題については、主に以下の二つのタイプが例年出題されています。

①絵や図が４つあり、その中から正しいものを一つ選ぶ問題

[例]

男子学生と女子学生が話しています。男子学生は何で実家に帰ることにしましたか。

男子学生：テストが終わったら、実家に帰ろうと思ってるんだけど。

女子学生：何で帰るの？

男子学生：バス、新幹線、船、飛行機、どれでもいいんだけど、この前、バスで帰っ
　　　　　たら、体調崩して実家で１週間ぐらい風邪で寝込んじゃったんだ。

女子学生：ふーん。私はよくバスで実家に帰るけどね。

男子学生：たぶん、窓を開けっぱなしにして寝たのがいけなかったんだと思うんだ。
　　　　　まあ、船じゃ、それはないと思うけど、酔っちゃうときがあるし。

女子学生：私も確かに船には弱いわね。新幹線か飛行機にすれば？

男子学生：そのどれかにしたいんだけど、どっちも料金に変わりがないから、迷っ
　　　　　てるんだ。飛行機は早く着くけど、空港まで行くのがちょっと面倒くさ
　　　　　いし……。やっぱり、少し遅くても楽なほうにするよ。

　答えは４番です。このような問題では、まず、示された絵や図の情報を瞬時に頭に入れることが大切です。また、この例のように、どれがいいか比べている場面では、評価やコメントが肯定的なのか、否定的なのかがポイントになります。ここでは「バス～体調崩して」「船～酔っちゃうときがある」「飛行機～空港まで行くのが面倒」「少し遅くても楽なほう」などです。「～はちょっと……」や「～はあまり……」など、消極的な表現にも注意しましょう。

　また、「やはり／やっぱり」「～にする」など、結論を示す言葉は、直接正解に結びつくことが多いので、聞き逃さないようにしましょう。

②絵や図が１つで、その中から正しいもの、または間違っているものを選ぶ問題

[例]
先生が講義で説明しています。先生が勧めていないものはどれですか。

　およそ20年前のバブル景気が終わってから、東京郊外の不動産は、どこも買っ
たり借りたりしやすくなりました。この丸い路線は山手線で、この絵の４つの家は、
どこも以前より値段が下がりました。まず、この山手線東側の２階建てのマンショ
ンは、非常にいい物件だと思います。今後、これ以上値段もあまり下がらないで
しょう。その隣の家賃11万のこの賃貸物件も、長く住めば多少高くつくかもしれ
ませんが、いろいろな事情で家を買いたくない人にはお勧めできます。反対に山手
線西側のこの２件の賃貸物件は非常に値段が安く注目されているものですが、３Ｌ
ＤＫの家がこんなに安いのは、将来的に、取り壊しになる可能性があることを示し
ています。借りるのは少し待ったほうがいいかもしれません。その前にあるこの
６万５千円の物件は、普通の人気のあるマンションですので、山手線の西側で仕事
をしている人にはお勧めできます。

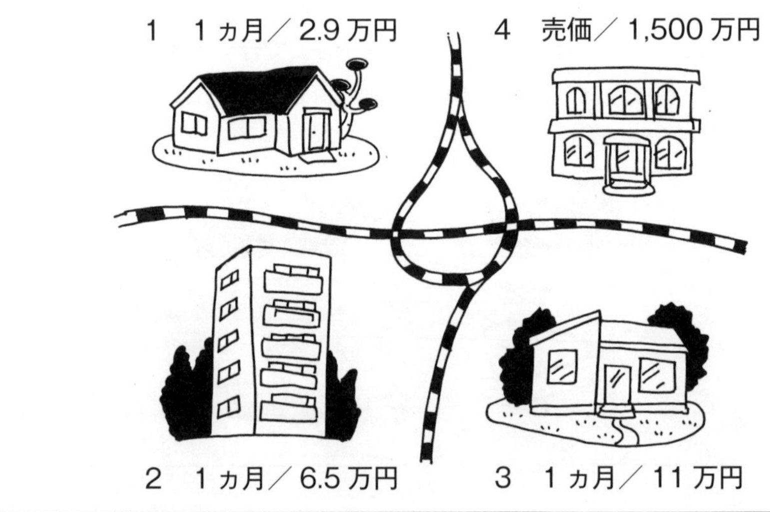

　答えは１番です。絵や図が１つの場合も同様で、まずはさっと情報を頭に入れましょ
う。ただし、選択肢の示し方には２通りあります。絵や図の中で直接４つの選択肢を示
す場合と、絵や図の要素を使って選択肢を示す場合です。
　また、この問題例のように、数字や文字が絵や図の中に含まれたり、一緒に示された
りする場合、そのいくつかは音声の中でも読まれます。話の中で選択肢をとらえるカギ
となりますので、聞き逃さないようにしましょう。

聴解問題の解き方

聴解問題については、主に以下の二つのタイプが例年出題されています。

①会話の内容に合う人物の行動を選ぶ問題

[例]

男子学生と女子学生が話しています。女子学生はこれからどうしますか。

男子学生：午後の石崎先生の授業は休講だよ。

女子学生：え？　本当？

男子学生：うん。土曜日から掲示が出てた。ねえ、お昼を食べに行こうよ。

女子学生：うん。でも、その前に図書館に本を返しに行こうと思うんだけど。

男子学生：図書館ならあとで行けば？　僕も借りたい本があるし。

女子学生：わかった。一つだけコピーしたいものがあるから、先にコピーだけする。

男子学生：わかった。じゃあ、先に食堂で待ってるよ。自動販売機のあたりで。

女子学生：うん、わかった。

女子学生はこれからどうしますか。

1．図書館に行きます。

2．コピーをします。

3．食堂に行きます。

4．飲み物を買います。

　答えは2番です。このような問題では、会話の流れをつかむことが最大のポイントです。それにはまず、人物と話の内容を正しくつなげることが大切です――「誰が本を返す？」「誰が待つ？」。例では人物は二人だけですが、話の中に別の人が出てくる場合もあります。「誰に？」「誰から？」なども含め、人物の関係を正しくとらえましょう。

　次に、時間や順序を表す言葉がカギとなりますので、しっかりとらえましょう。この例では、「その前に」「あとで」「先に」です。また、問題文にも注意が必要です。例のように「これからどうしますか」「まず、何をしますか」などの問いの場合、その人が最初にすることを選びます。

②話の内容に合っているものを選ぶ問題

[例]
先生が講義で説明しています。講義の内容と合っているものはどれですか。

　指や首などの関節を曲げて音を鳴らしている人をよく見かけますが、これはいいことではありません。関節を曲げると、そこに強い力がかかり、その時に音が発生しますが、この音は関節腔と呼ばれる液体が蒸発してしまうことを表す音です。関節腔が蒸発すると、そこから先の神経が障害を起こしますし、首など、音を鳴らす場所によっては、命にかかわることもあります。にもかかわらず、関節を鳴らす人が減らないのは、この関節内部には痛みを感じる神経がないため、長時間関節を動かさずに固くなった関節を伸ばしたときに、気持ちよく感じてしまうからです。また、指では、音を鳴らしたことによって傷ついた関節を修復するために、指がどんどん太くなります。関節の血行をよくするためには、できる限り最初はゆっくり動かすようにして、ボキッという音が鳴らないようにすることが大切です。

講義の内容と合っているものはどれですか。
１．関節を曲げると指が太くなるため、音が発生する。
２．関節を曲げると痛みを感じないため、音が発生する。
３．関節の内部には、痛みを感じる神経がない。
４．関節の血行をよくするには、音を鳴らすことが大切である。

　答えは３番です。このような問題では、話全体のテーマや趣旨、著者が言いたいことを大まかにつかむことが必要となります。話題やテーマは、たいていの場合、冒頭で示されますので、最初からしっかり注意して聴きましょう。わからない言葉が出てきたり、言葉が聴き取れなかったりしても、落ち着いて、音に集中して聴き続けることが大切です。
　また、この例でもそうですが、筆者が理由の説明をしている部分（⇒にもかかわらず、〜のは、〜からです。）は要注意です。筆者の主張など、重要な部分に関係している場合が多いです。

聴読解・聴解問題に出ることば

□後片づけ：tidying up ／善后／ Dọn dẹp

□アパート：apartment ／公寓，公共住宅／ Căn hộ

□謝る：to apologize ／道歉／ Xin lỗi

□意味：meaning ／意思／ nghĩa

□入口：entrance ／入口／ Lối vào

□印刷（する）：printing ／印刷／ sự in

□受付：front desk ／受理／ Lễ tân

□薄い：weak, thin, bland ／淡的／ Nhạt

□打ち合わせ：meeting ／會議／ gặp gỡ để bàn bạc

□エスカレーター：escalator ／自动扶梯／ Cầu thang cuốn

□エレベーター：elevator ／电梯／ Thang máy

□大勢：crowd, great numbers ／很多／ Nhiều người

□踊る：to dance ／舞蹈／ Múa

□覚える：to remember ／记住／ ghi nhớ

□解説（する）：to explain ／解說／ diễn giải, giải thích

□改札：gate ／检票／ Cửa soát vé

□会場：venue ／会场／ Hội trường

□階段：staircase ／楼梯／ Cầu thang

□会話（する）：conversation ／会话／ hội thoại

□香り：smell, fragrance ／香味，香气／ Mùi thơm

□学期：academic term ／学期／ học kì

□楽器：musical instrument ／乐器／ Nhạc cụ

□角：corner ／角落／ Góc

□ガラス：glass ／玻璃／ Kính

□革：leather ／皮革／ Da

□木：wood ／木／ Gỗ

□企画（する）：to plan ／計劃／ kế hoạch

□きっかけ：impetus ／机会／ khởi nguyên

□急行：express ／快车／ Nhanh

□行：line, row ／行／ hàng

□教科書：textbook ／教科书／ sách giáo khoa

□金属：metal ／金属／ Kim loại

□配る：to distribute ／发，分配／ phát

□グループ：group ／团体，组／ Nhóm

□下旬：last third of the month ／下旬／ hạ tuần

□欠席（する）：absence ／缺席／ vắng mặt

□玄関：entrance ／门口／ Sảnh

□健康保険証：health insurance card ／健康保險證／ thẻ bảo hiểm sức khỏe

□検索（する）：search ／检索／ Tìm

kiếm

□濃い：strong, rich ／浓的／ Đậm

□合格（する）：pass ／及格／ đỗ, qua

□航空便：air mail ／航空邮件／ Gửi bằng đường hàng không

□交差点：intersection ／十字路口／ Giao lộ

□黒板：blackboard ／黑板／ bảng đen

□コンビニ：convenience store ／便利店／ Cửa hàng tiện ích

□材料：Materials ／材料／ Vật liệu

□作文：composition ／作文／ bài luận

□参考：reference ／参考／ tham khảo

□試合：match, game ／比赛／ Trận đấu

□時間割：timetable ／时间分配／ thời gian biểu

□自習（する）：self-study ／自习／ tự học

□試着（する）：to try something on ／试穿／ Mặc thử

□質問（する）：question ／问题／ Một câu hỏi

□締め切り：deadline ／截止日期／ Hạn chót

□就職（する）：to find employment ／就职／ xin việc

□修正（する）：to correct ／修改／ sửa chữa

□塾：cram school ／学塾／ lớp học thêm

□宿題（する）：homework ／作业／ bài tập

□出席（する）：presence ／出席／ có mặt

□趣味：hobby, pastime ／兴趣，爱好／ Sở thích

□上級：advanced level ／高级／ Cấp cao

□上旬：first third of the month ／上旬／ thượng tuần

□商店街：shopping street ／商店街／ Phố mua sắm

□初級：elementary level ／初级／ Cấp tiểu học

□調べる：to check ／调查／ tra cứu

□進学（する）：to go on to a higher stage of education ／升学／ lên lớp, học tiếp

□信号：traffic light ／信号／ Đèn hiệu

□新入生：first-year student ／新生／ học sinh mới nhập học

□推薦状：recommendation letter ／推薦信／ thư tiến cử

□咳：cough ／咳嗽／ ho

□正解（する）：correct answer ／正确答案／ đáp án đúng

□成績：results, grades ／成绩／ kết quả học tập

□セット：set ／套／ bộ

□説明（する）：explanation ／说明／ giải thích

□洗たく機：washing machine ／洗衣机／ Máy giặt

□掃除機：vacuum cleaner ／吸尘器

□（掃除機）／ Máy hút bụi

□速達
そくたつ
：express mail ／快递／ Gửi nhanh

□タイトル：title ／题目／ Tiêu đề

□建物
たてもの
：building ／建筑物／ Tòa nhà

□例えば
たと
：for example ／例如／ Ví dụ

□頼む
たの
：to ask (a favor) ／委托，请求／ Nhờ

□遅刻
ちこく
（する）：latecoming ／迟到／ muộn giờ

□中級
ちゅうきゅう
：intermediate level ／中级／ trình độ trung cấp

□駐車場
ちゅうしゃじょう
：parking lot ／停车场／ Bãi đỗ xe

□中旬
ちゅうじゅん
：second third of the month ／中旬／ trung tuần

□ツアー：(package) tour ／团体旅游／ Tua

□定食
ていしょく
：set meal ／套餐／ Cơm suất

□テキスト：text ／课本，教材／ sách học

□出口
でぐち
：exit ／出口／ Lối ra

□鉄
てつ
：iron ／铁／ Sắt

□手間
てま
：labor ／费事／ mất công

□展示会
てんじかい
：exhibition, trade fair ／展示会／ Hội chợ triển lãm

□点数
てんすう
：marks ／分数／ điểm số

□問い合わせ
と　あ
：inquiry ／查询／ liên hệ, hỏi

□当日
とうじつ
：day of ／那一天／ hôm đó

□通り
とお
：road, street ／路／ Đường

□通る
とお
：to pass; to go through ／通过／ Đi qua

□特急
とっきゅう
：super express ／特快／ Rất nhanh

□届く
とど
：to arrive, reach ／到达／ Tới nơi

□直す
なお
：to correct ／订正，修改／ sửa

□におい：smell, odor ／气味，香味／ Mùi

□布
ぬの
：cloth, fabric ／布／ Vải

□乗り換える
の　か
：to transfer ／换乘／ Chuyển

□乗り場
の　ば
：boarding gate/platform ／换乘／ Bến

□ハイキング：hiking ／远足，徒步旅行／ Đi bộ

□歯医者
はいしゃ
：dentist ／牙科医生／ Bác sỹ nha khoa

□配達
はいたつ
（する）：to deliver ／配送／ Chuyển phát

□売店
ばいてん
：shop, store ／小卖部／ Cửa hàng

□発音
はつおん
（する）：pronunciation ／发音／ phát âm

□発表
はっぴょう
（する）：presentation ／发表／ phát biểu

□半額
はんがく
：half price ／半价／ Giảm giá một nửa

□弾く
ひ
：to play (a string instrument or piano) ／弹奏／ Chơi (đàn)

□美容院
びよういん
：beauty parlor ／美容院／ Thẩm mỹ viện

□表現
ひょうげん
（する）：expression ／表现／ lối diễn đạt, cách nói

□ファーストフード店
てん
：fast food outlet ／快餐店／ Cửa hàng ăn nhanh

□封筒（ふうとう）：envelope ／信封／ Phong bì

□復習（ふくしゅう）（する）：revision ／复习／ ôn bài

□不合格（ふごうかく）：fail ／不及格／ trượt

□踏切（ふみきり）：railroad crossing ／公路与铁路的交叉口／ Đường tàu vắt ngang

□プラスチック：plastic ／塑料／ Nhựa

□プリント：handout ／印刷品，印出来的资料／ tờ bài tập

□文（ぶん）：sentence ／句子，文章／ câu

□文章（ぶんしょう）：article, composition ／文章／ đoạn văn

□文法（ぶんぽう）：grammar ／语法／ ngữ pháp

□ページ：page ／页／ trang

□弁当（べんとう）：packed lunch ／盒饭／ Cơm hộp

□返品（へんぴん）：returned goods ／退货／ Trả lại hàng

□ホーム：platform ／站台／ Sân ga

□募集（ぼしゅう）（する）：to recruit ／招募／ tuyển dụng

□曲がる（まがる）：to turn (right/left) ／拐弯／ Rẽ

□間違い（まちがい）：mistake ／错误／ lỗi sai

□間違える（まちがえる）：to make a mistake ／弄错／ sai

□マンション：condominium ／高级公寓／ Chung cư cao cấp

□無料（むりょう）：free ／免费／ Miễn phí

□目が覚める（めがさめる）：to wake up ／醒／ Tỉnh giấc

□面接（めんせつ）（する）：to interview ／面試／ phỏng vấn

□もう一度（いちど）：one more time ／再来一次／ một lần nữa

□約束（やくそく）（する）：promise; appointment ／约定，商定／ Hứa

□やり直す（なおす）：to redo ／重做／ làm lại

□洋食（ようしょく）：Western food ／西餐／ Món ăn Âu

□幼稚園（ようちえん）：kindergarten ／幼儿园／ mẫu giáo

□予習（よしゅう）（する）：preparation for lesson ／预习／ chuẩn bị bài

□落第（らくだい）（する）：to drop out ／落第／ trượt

□留守番（るすばん）：house-sitting ／看家／ Trông nhà

□留守番電話（るすばんでんわ）：answering machine ／录音电话／ Điện thoại lưu lại khi đi vắng

□例（れい）：example ／例子／ ví dụ

□レポート：report ／报告／ báo cáo

□練習（れんしゅう）（する）：practice ／练习／ luyện tập

□ロビー：lobby ／前厅，（酒店）大厅／ Sảnh

□和食（わしょく）：Japanese food ／日式菜肴／ Món ăn Nhật

□渡る（わたる）：to cross ／过，渡过／ Qua

□割引（わりびき）：discount ／打折／ Giảm giá

□L（サイズ）：large ／大号／ Cỡ L

□M（サイズ）：medium ／中号／ Cỡ M

□S（サイズ）：small ／小号／ Cỡ S

PART **2**

実戦トレーニング編

記述問題
読解問題
聴読解問題
聴解問題

　大学などで、奉仕活動を科目にする例があります。これについて、奉仕活動の本来の目的を説明し、賛成か反対かの立場を示した上で、あなたの意見を 400 字から 500 字で書いてください（句読点を含む）。

〈解答用紙〉

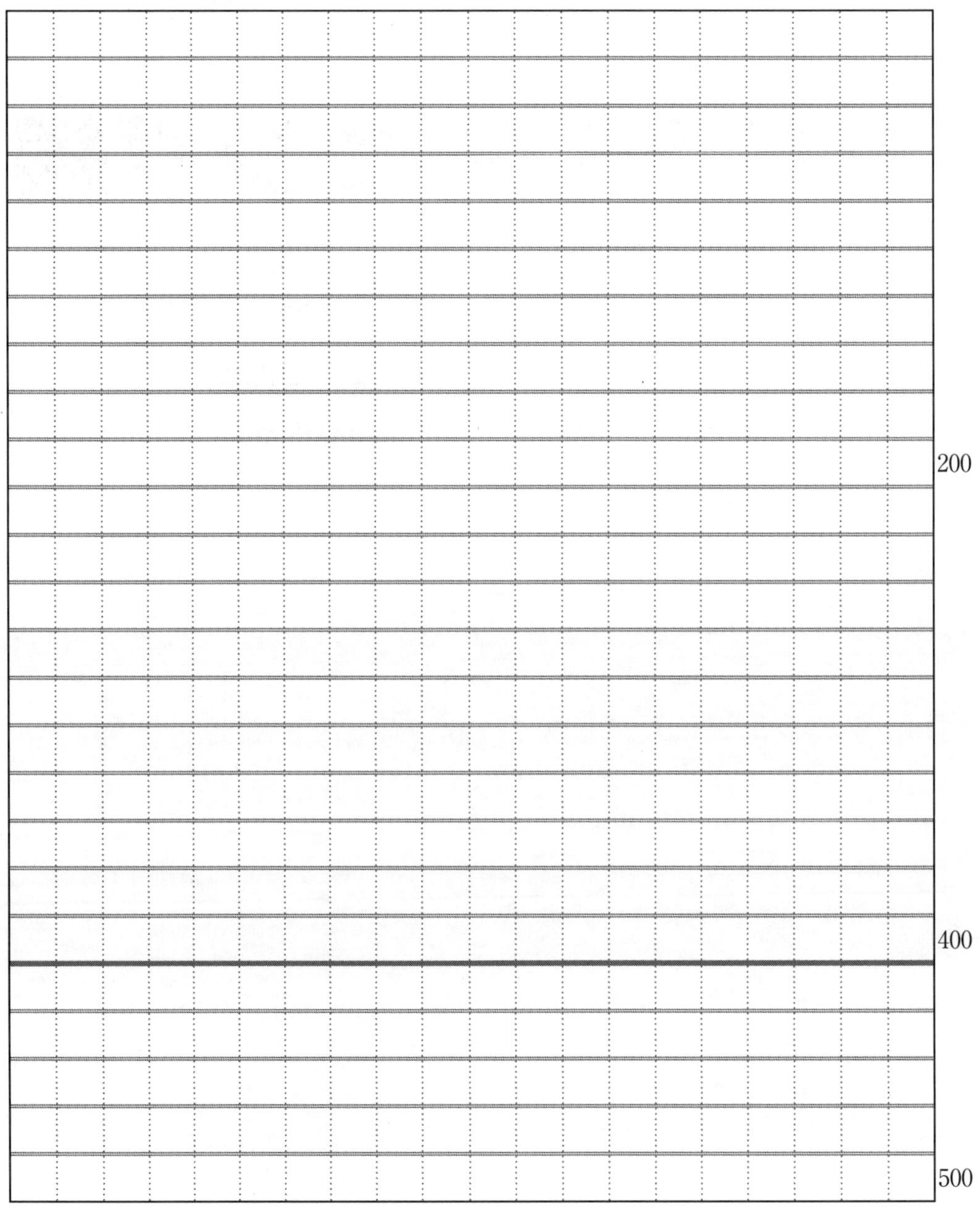

200

400

500

読解問題 ───────────────────────────────

1番

次の文章の（　Ａ　）に入るものとして、最も適当なものはどれですか。

　着物の着付け教室へ、私はしばらく通ったことがあるが、でも、着物はくたびれて窮屈でいやだった。それで、いつまでも馴れないので、結局、着付け教室で習った知識は*ふいになってしまった。

　母などは、休みの日ぐらい着物を着なさい、とやかましくいい、叔母もすすめるのであるが、おっくうで手を通したこともない。

　休日は、セーターにジーパン、外へ出るときはこの上に白い兎の毛皮の、半コートを羽織って出てゆく。（　Ａ　）。

　会社は男女とも、ジーパン禁止、男の長髪、女の髪染めも禁止だから、マトモな格好で行くけれども。

（田辺聖子『孤独な夜のココア』新潮文庫より）

＊ふいになる：失われる、だめになる

１．軽くて動きやすくて好きだ
２．セーターもなかなかいい
３．セーターも着物と同じだ
４．やはり着物のほうがいい

解答　①　②　③　④

2番

次の文章で筆者が最も言いたいことはどれですか。

　私がまだ*ウブ子だった頃、好きな男の子と向き合って食事をするなんて、絶対できないと思っていた。考えただけでも貧血を起こしそうになったものである。
　クラスメートの一人が初めてのデートをすることになった時のこと。私たちは集まって、何を着ていけばいいのか、何を持っていけばいいのか、みんなで話しあった。そのなかでも関心を呼んだのは、食事は何を頼んだらいいのかということだった。

（白石公子『ままならぬ想い』文春文庫より）

*ウブ：社会の中で、経験が少なく、世の中のことをあまり知らない様子

1．初デートの時は、食事ものどを通らなくなってしまったこと
2．初デートの時に、着るものや持っていくものを皆で話し合ったこと
3．初デートの時は、人間は誰でも緊張するものだということ
4．初デートの時に、食事が楽しみで、何を頼むか迷ったということ

解答　① ② ③ ④

1番

　女子学生と男子学生がアルバイトについて話しています。女子学生はどのアルバイトをしようと思っていますか。

1.

ミナトスポーツ
店員
土・日　※いずれか一日でも可
10:00 〜 18:00
時給　1000 円

2.

レストラン「ガーデン」
ホールスタッフ
月〜金のうち2日以上
11:00 〜 15:00
時給　900 円

3.

田中ベーカリー
店員
水・金　※いずれか一日でも可
7:00 〜 14:00
時給　1100 円

4.

ラーメン「金龍」
ウェイトレス
火・木
18:00 〜 22:00
時給　950 円

解答　① ② ③ ④

2番

女の人と男の人が台風について話しています。二人が見ている予想図はどれですか。

1.

2.

3.

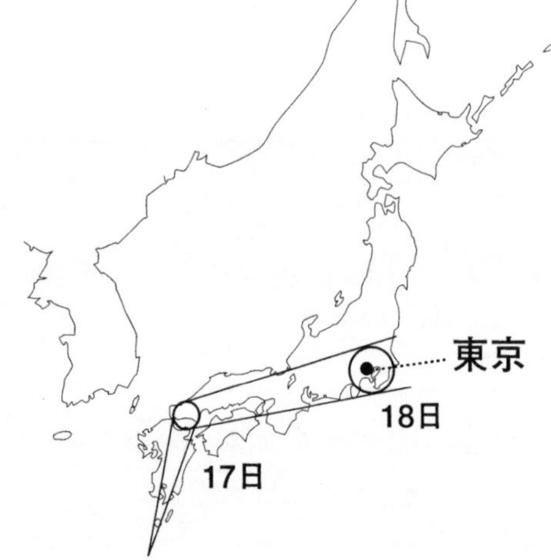

4.

解答　① ② ③ ④

聴解問題

1番

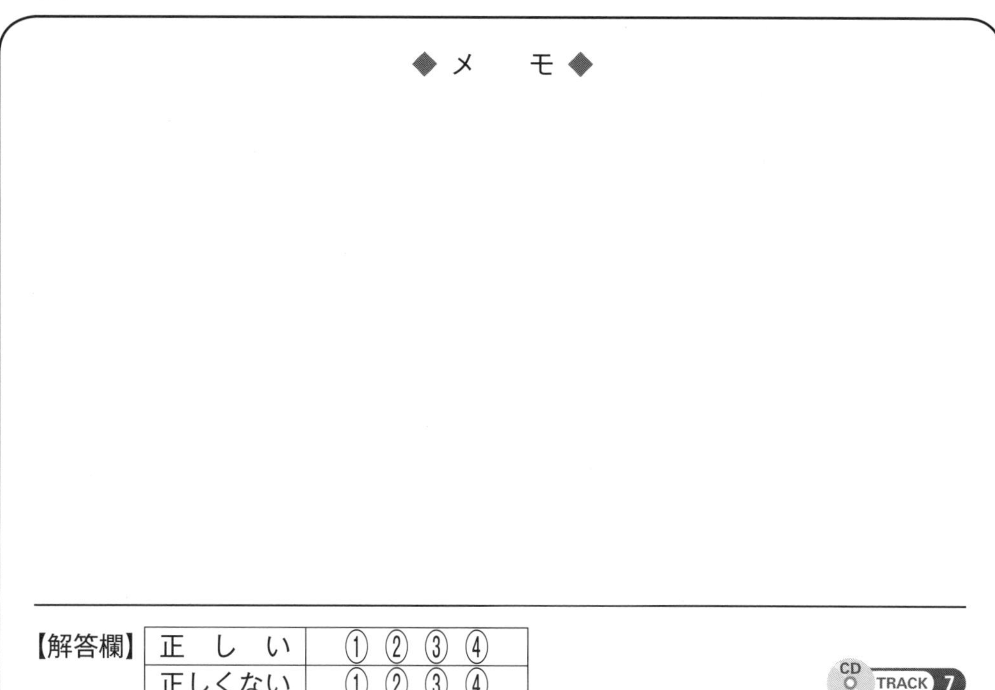

【解答欄】	正　し　い	① ② ③ ④
	正しくない	① ② ③ ④

CD 1　TRACK 7

2番

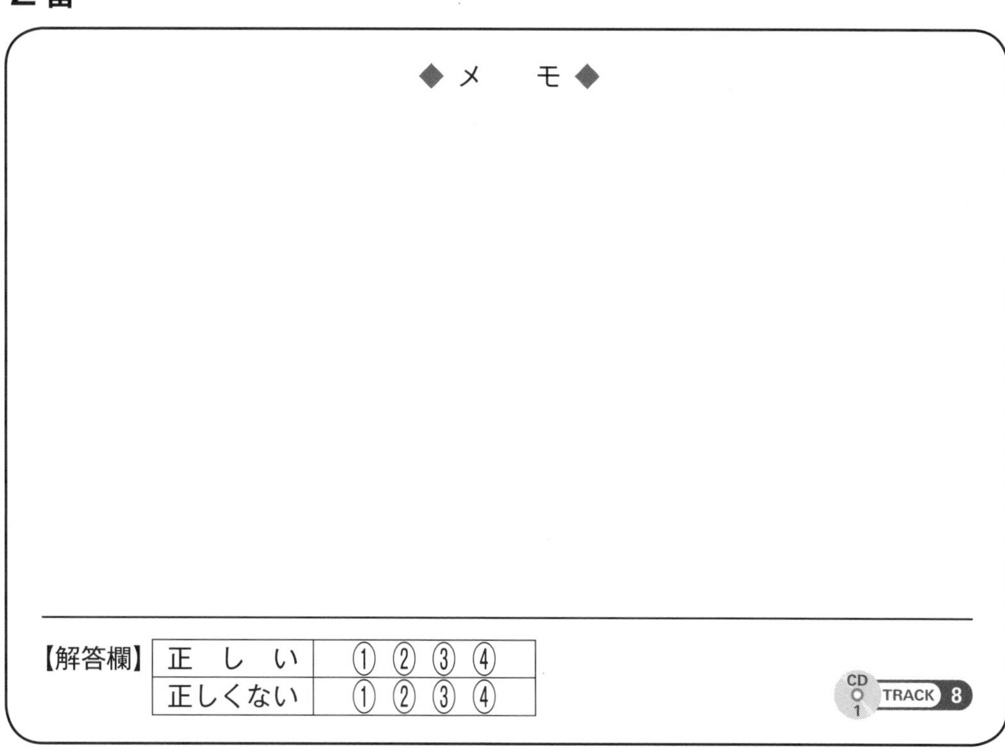

【解答欄】	正　し　い	① ② ③ ④
	正しくない	① ② ③ ④

CD 1　TRACK 8

小さいうちから2つ以上の言葉を学ばせ習得させたほうがいい、という考え方があります。これについて、小さい時は1つの言葉をしっかり習得させるべきという考え方と比べて、あなたの意見を400字から500字で書いてください（句読点を含む）。

〈解答用紙〉

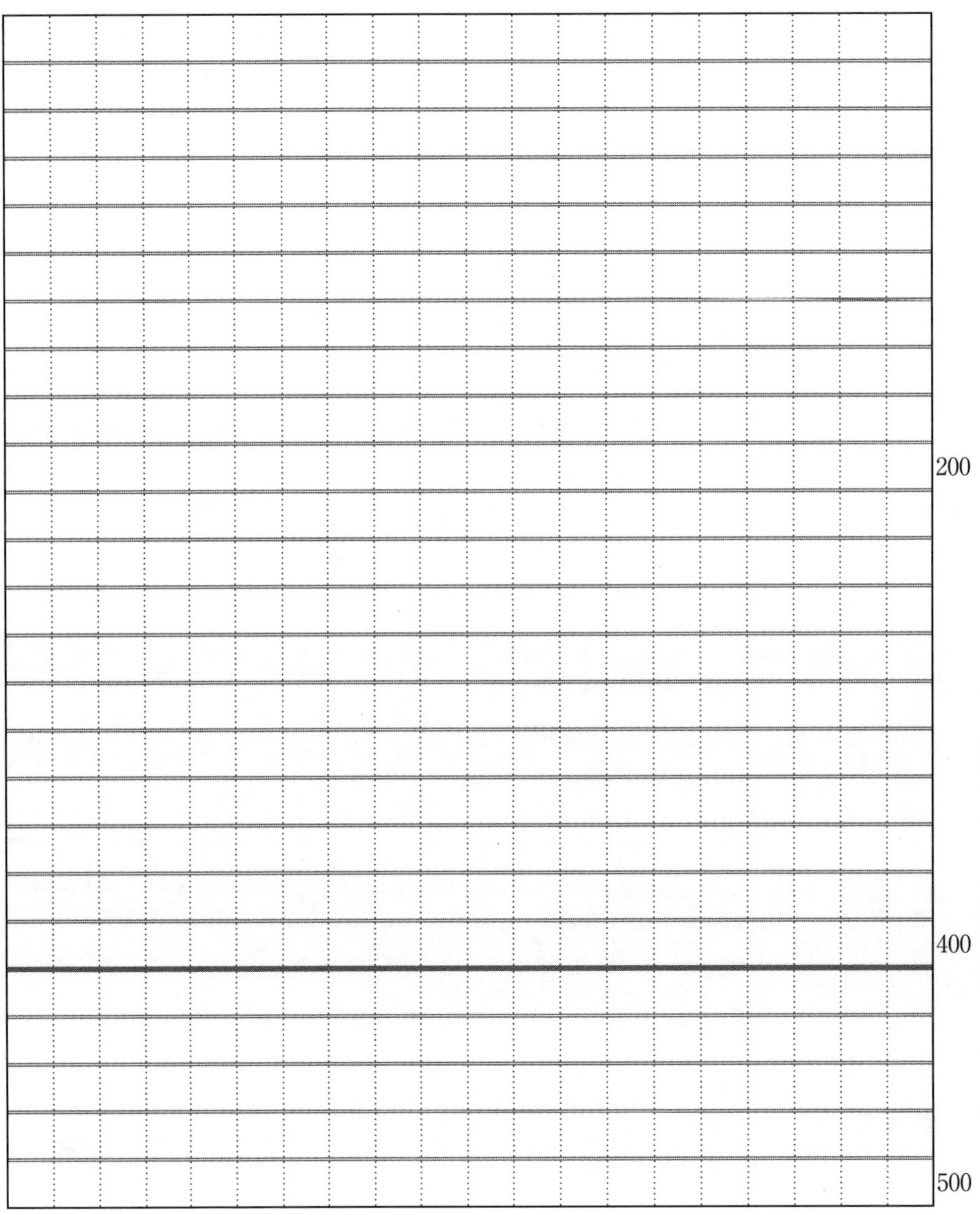

1番

次の文章で筆者が最も言いたいことは何か。

　おいしい肉料理やケーキなどを食べたときは、脂肪を分解してくれる飲み物を飲んだり、少し時間がたってから軽く運動したりしている。外見は人の評価に関する一つの基準にすぎないが、わかりやすい物差しでもある。昔はもっとやせてたのに……などとは言われたくない。しかしそれよりも、お気に入りの服をずっと着ていたいし、自分にとって本来の体調、体型というものを維持したいから、日頃から気をつけている。

　いわゆるダイエットも、それほど真剣ではないがいろいろ実践している。女性の場合、体調の変化が周期的に巡って来るので、食事や運動の方法を変える人もいるが、私も、自分の生活や性格に合ったものを無理のない範囲でやっている。また、糖尿病など、内臓の病気の要因として肥満が挙げられるので、外見よりもまず健康のために食事や運動のことを考えるべきなんだな、と思う。自分だけでなく、家族やペットのことを思うと、なおさらそう感じる。

1．人は外見でなく、考え方や性格など、内面で判断されるべきだ。
2．服をたくさん着られるのは美しいことの証明であり、常にそうありたい。
3．食事と運動に配慮することは、その人にとって、いい結果をもたらす。
4．ダイエットのしすぎは健康によくないので、むしろやらないほうがいい。

解答　① ② ③ ④

2番

次の文章で筆者が最も言いたいことはどれですか。

　季節を四つに分けることについて、日本でもさまざまな論があるが、昔から、日本では四季の区別がはっきりしていることはよく知られている。
　ところが、冬になってもこう暖かくなると、本当に四つの季節はいるのだろうかと疑問に感じられる。去年の12月は、コートを着ないで街中を歩いている人達の姿を多く見かけた。日本語の“ふゆ”は、間もなくやって来る厳しい寒さに備えて食べ物が“ふえる”という、昔の人々の暮らしが関連したものと言われている。それが年々、街全体が暖かくなり寒さを感じない、四つの季節の中で*とりわけ春や秋をあまり楽しめなくなった、という最近の気候の急激な変化を実感するにつけ、この先の日本語も変化していかざるを得ないと感じるのである。

*とりわけ：中でも特に

1．昨年の冬が暖かかったため、今後心配する必要があること
2．日本でも四季を四つに分けることにさまざまな論があること
3．言葉は時代とともに変化していくものであること
4．日本語の“ふゆ”は“ふえる”に関連していること

解答　① ② ③ ④

1番

留守番電話を聞いてメモをとりました。正しいものはどれですか。

1.

田中さん

金〜月
ロイヤルホテル
02-0332-4612

2.

田中さん

金〜月
ロイヤルホテル
02-0677-4612

3.

田中さん

金〜月
ロイヤル・サンホテル
02-0767-4612

4.

田中さん

金〜月
ロイヤル・グランドホテル
02-0673-4612

解答　① ② ③ ④

2番

男子学生と女子学生が、学園祭の説明会に誰が出席するべきか、相談しています。この二人のサークルは、出席についてどうすることにしましたか。

学園祭説明会

学園祭実行委員会

今年度の学園祭について説明会を開きます。学園祭参加希望のサークルは必ず代表者1名が出席してください。

日時： 6月1日（木）午後5時から
場所： 4301教室

代表者が出席できないサークルは、学園祭実行委員会まで欠席届を提出してください。

以上

1．男子学生が出席する。
2．部長が出席する。
3．山田君が代理で出席する。
4．ほかに誰か代理を探す。

解答　① ② ③ ④

聴解問題 ──────────────────────────────

1番

◆ メ　モ ◆

【解答欄】

正 し い	① ② ③ ④
正しくない	① ② ③ ④

2番

◆ メ　モ ◆

【解答欄】

正 し い	① ② ③ ④
正しくない	① ② ③ ④

　癖(くせ)は直したほうがいい、という意見があります。これについて、癖と個性の関係に触れて、あなたの意見を400字から500字で書いてください（句読点を含む）。

〈解答用紙〉

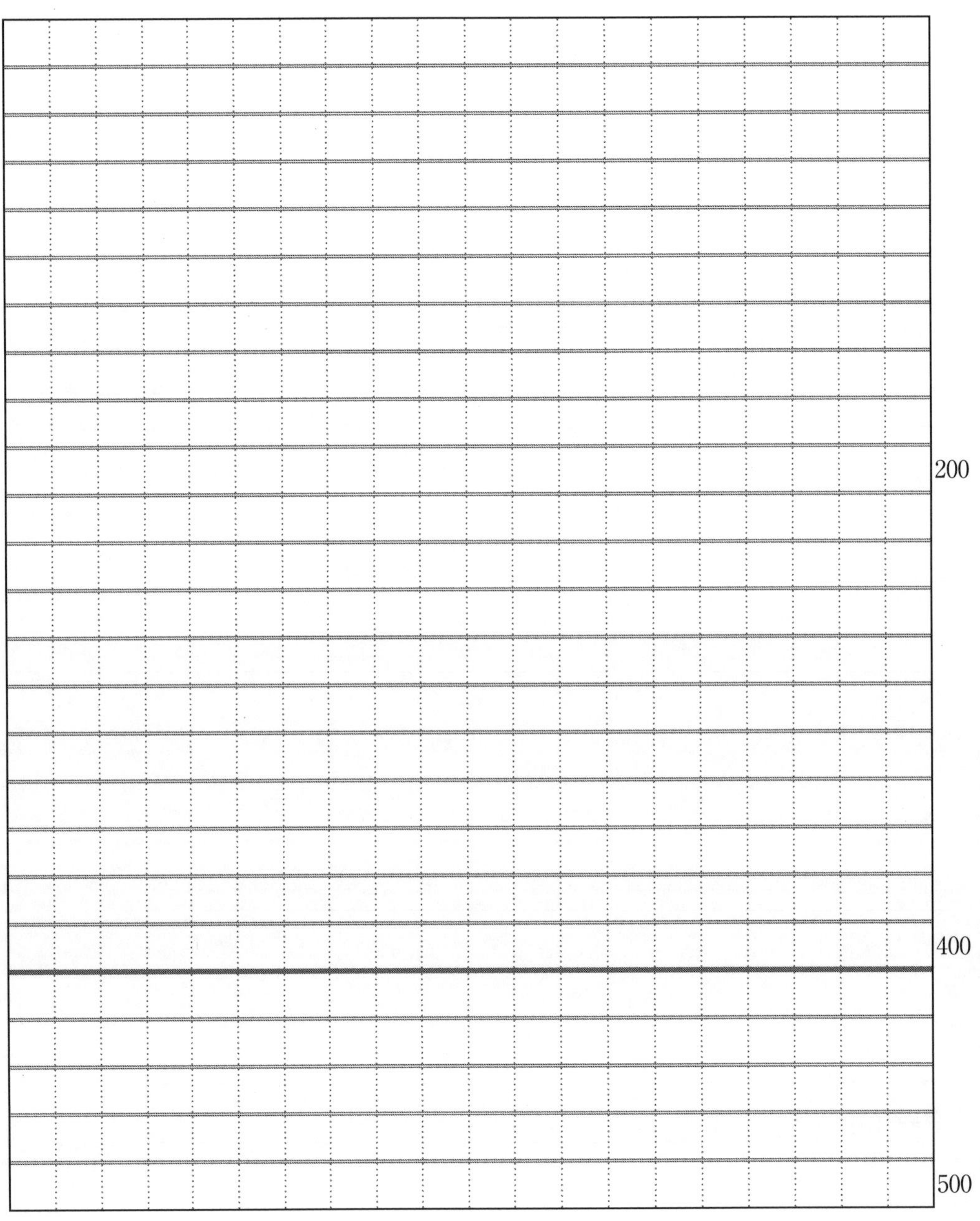

読解問題 ────────────────

1番

次の手紙は誰あてに書いたものですか。

暑い日が続いていますが、いかがお過ごしでしょうか。

就職の折にはいろいろとお世話をいただき、誠にありがとうございました。

さて、おかげさまで、やりがいを感じながら仕事を続けてまいりましたが、この度、夫がパリの支社に転勤が決まり、それに伴い、今月いっぱいで退社させていただくことになりました。

早いもので、就職してあっという間に3年が経ちました。その間、結婚、出産と私にとっても人生の節目を次々と迎えながらも、充実した日々を送っておりました。私自身も本当は仕事を辞めたくはないのですが、夫を支えたいですし、子どもにとっても家族が離れ離れになるのは避けたいですから、家族で一緒に行くことに決めました。

学生時代より、いろいろとご指導、お世話をしていただきましたのに、大変申し訳なく思っております。

今は後輩に引継ぎの仕事の指導をしております。
パリに行く前に一度、ご挨拶にお伺いしますので、その折はよろしくお願いいたします。

1．会社の後輩
2．学生時代の友人
3．学生時代の恩師
4．会社の同僚

解答　①　②　③　④

2番

次の文章で筆者の最も言いたいことはどれですか。

　小さい頃、私はアシュケナージというピアニストが好きだった。
　アシュケナージの弾くピアノは、明るく*可憐な色を持っていた。自分が落ち着いているときに聴いても、大変なときに聴いても、自分の心を安定させ、幸せにさせる何かがあった。アシュケナージはロシア出身だったが、同じロシア出身のあるピアニストの演奏を聴いても、すごい演奏だとは感じながら、自分を安定させ、幸せにさせてくれるものはなかった。
　その人の行動は教育によって変えることはできても、その人の好き嫌いを変えることは難しい。人間個人の好き嫌いは、その人の経験と直接結びついているのであり、その人の人間的な根底を成している部分に当たると言える。したがって、なぜ自分がそれが好きなのかという理由を客観的に分析してみることが、その後の充実した人生に結びつくのではないだろうか。

*可憐：かわいらしいこと

1．小さい頃自分はアシュケナージの弾くピアノが好きだったこと
2．その人の行動は教育によって変えることができるということ
3．人の好みは経験に結びついておりその人の根底の部分に当たること
4．自分の好みの理由を見つけることがさらによい人生につながること

解答　① ② ③ ④

1番

男子学生と女子学生がメモを見ながら話しています。二人が行く美術展はどれですか。

行きたい美術展　メモ

1．マネとモネ展
　　　…初来日の絵がある

2．歌川国芳展
　　　…浮世絵から春画まで

3．アジア美術と日本美術
　　　…アジアの中での日本美術とは

4．ジャポニズム展
　　　…北斎からドガまで

解答　① ② ③ ④

2番

二人の学生が時刻表を見ながら話しています。二人はどの電車に乗りますか。

	ひかり 106 号	ひかり 206 号	のぞみ 506 号	のぞみ 508 号
東　京	8：38	8：48	8：56	—
品　川	8：44	8：54	9：04	9：08
新横浜	8：55	9：05	—	9：20
名古屋	10：30	10：33	10：36	10：39
京　都	11：45	11：32	11：10	11：15

1．ひかり 106 号
2．ひかり 206 号
3．のぞみ 506 号
4．のぞみ 508 号

解答　① ② ③ ④

1番

◆ メ　モ ◆

【解答欄】

正　し　い	① ② ③ ④
正しくない	① ② ③ ④

2番

◆ メ　モ ◆

【解答欄】

正　し　い	① ② ③ ④
正しくない	① ② ③ ④

飛行機の中での喫煙について、ルールに従えば認めてもいい、という意見があります。これについて、禁煙するべき場合を示し、あなたの意見を400字から500字で書いてください（句読点を含む）。

〈解答用紙〉

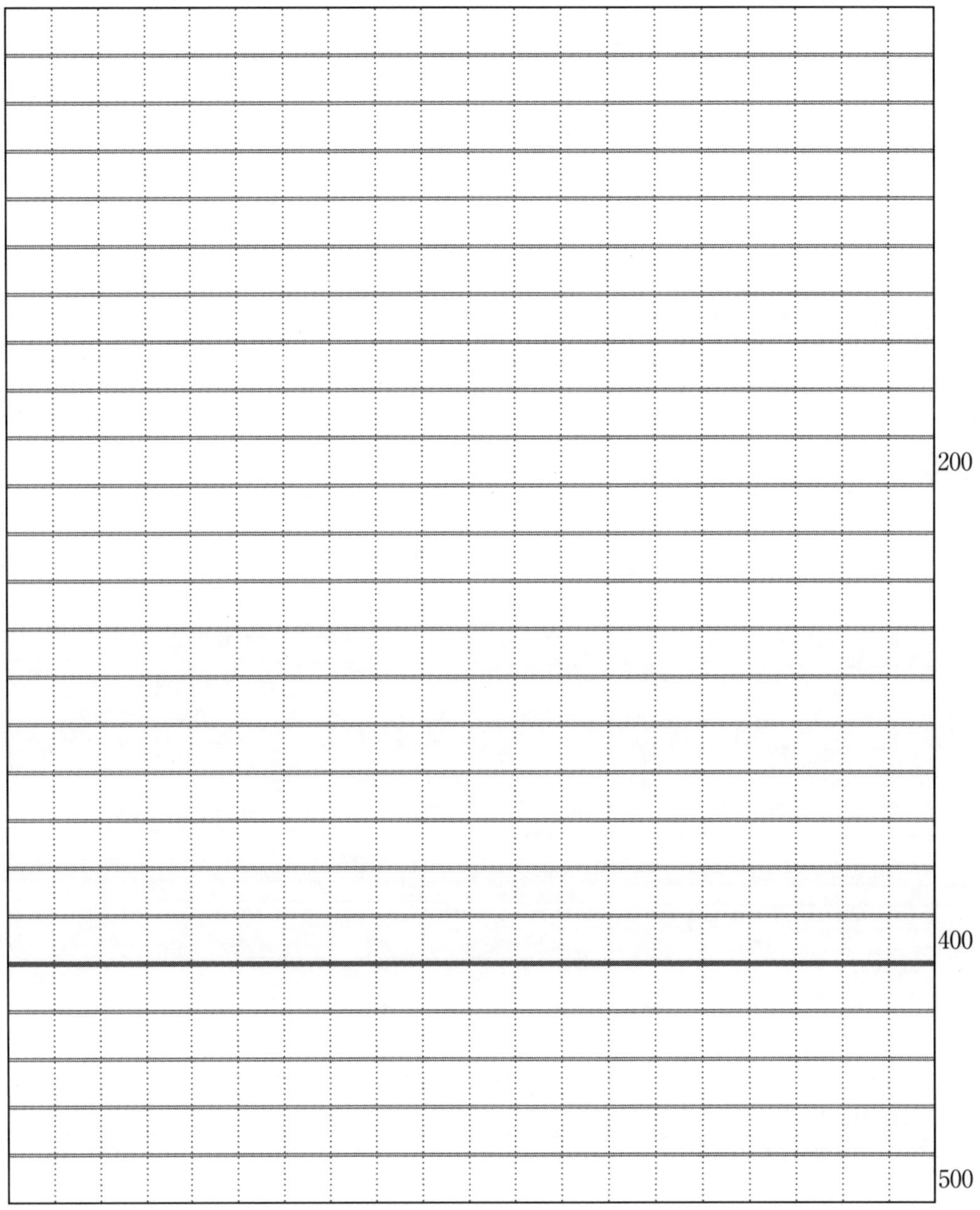

読解問題

1番

次の文章の（　Ａ　）に入るものとして、最も適当なものはどれですか。

　菊池寛（きくちかん）の『形』という小説は、（　Ａ　）というテーマの小説です。主人公である新兵衛（しんべえ）は数々の*いくさに一度も負けたことがない、敵（てき）から強く恐れられている武士でした。新兵衛の持つ*槍（やり）の鋭さと*兜（かぶと）のはなやかさは、味方のあこがれの対象でした。ある日、新兵衛は味方の武士から、その槍と兜を貸してくれるように頼まれます。新兵衛は何の*ためらいもなく、その若い武士に槍と兜を貸し、自分は通常の槍と兜でいくさに行きます。新兵衛にとって、通常の槍と兜で戦ったいくさは、大変な苦労がありました。敵が2倍も3倍も強く、大きくなりました。新兵衛が簡単に自分の槍と兜を貸したことを後悔した時、敵の槍に倒されてしまう、という内容です。

*いくさ：戦い
*槍：手で持つための棒状の部分の先に細長い刀を付けた、相手を突き刺す武器
*兜：戦争の時に、頭の部分を守るためにかぶるもの
*ためらい：迷って決められないこと

1．内容も大切だが形も大切である
2．内容は大切だが形は大切ではない
3．内容も形も大切である
4．内容も形も大切ではない

解答　① ② ③ ④

2番

次の文章で筆者が最も言いたいことはどれですか。

　最近、「もったいない」ということばが*復活の*兆しを見せ始めているという。要するに、物を無駄遣いしないようにするということである。

　仕事柄、自分はコピーをする機会が多いが、基本的に全て両面にコピーしている。また、近くのクリーニング店で洗濯物を受け取る時には必ず袋を持っていく。コンビニエンスストアで買い物をする際も、ジュースや小物類などの時はもちろん、できるだけ袋はもらわないようにしている。

　ところが、コンビニの店頭で「そのままで結構です」というと、店員が無意識にシールを貼ってしまう場合が多い。商品を買った*証しにレシートは残るのだから、商品の全てにシールを貼ることは、明らかに「もったいない」ことになる。一考した結果、「そのままで、レシートも結構です」とことばをつなげてみたところ、ほとんどのお店で無駄なシールが貼られずに「もったいない」ことなく済んでいる。店員の行いにも買い物をした自分の気持ちにも「もったいない」ことが少なくなって、初めて「もったいない」ことをしない価値が生まれてくると思うのである。

*復活：やめたものをもう一度改めて生かすこと
*兆し：物事が起こりそうに感じられる様子、そう感じさせるもの
*証し：証明。それが確かだと証明するもの・こと

1．「もったいない」ということばが最近復活の兆しを見せ始めている。
2．自分はコピーを両面で行い、クリーニング店にも袋を持っていったりしている。
3．無駄遣いをすべきでないことは、生活全般に言えることだ。
4．商品にシールを貼るのは「もったいない」ことである。

解答　①　②　③　④

聴読解問題 — CD 1 TRACK 17

1番

　男子学生と女子学生が留学生交流会のイベントについて相談しています。留学生交流会のプログラムとして決まったコースはどれですか。

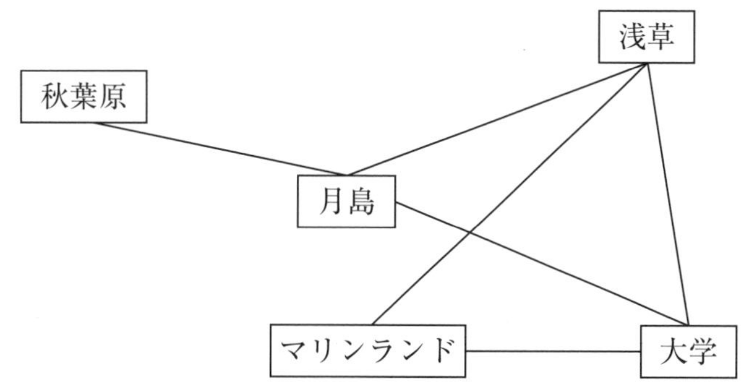

1．大学　→　浅草　→　月島

2．大学　→　浅草　→　月島　→　秋葉原

3．マリンランド　→　浅草　→　月島

4．大学　→　マリンランド　→　浅草　→　月島

解答　① ② ③ ④

2番

　外国人の学生が大学に電話で問い合わせています。申込書はどのように書けばいいですか。

1.

氏　　　名／国　　　籍
学籍番号
学部
第一希望の合宿所
第二希望の合宿所

2.

氏　　　名／国　　　籍
学籍番号
学部
禁煙希望
第一希望の合宿所
第二希望の合宿所

3.

氏　　　名／国　　　籍
学籍番号
学部
学科
連絡先
第一希望の合宿所
第二希望の合宿所
禁煙希望

4.

氏　　　名／国　　　籍
学籍番号
学部
学科
第一希望の合宿所
第二希望の合宿所
禁煙希望

解答　① ② ③ ④

1番

◆ メ　モ ◆

【解答欄】	正　し　い	① ② ③ ④
	正しくない	① ② ③ ④

2番

◆ メ　モ ◆

【解答欄】	正　し　い	① ② ③ ④
	正しくない	① ② ③ ④

第5回　記述問題

　ペットを飼うことはいいことだ、という考え方があります。これについて、ペットに関する問題の例を示し、あなたの意見を400字から500字で書いてください（句読点を含む）。

〈解答用紙〉

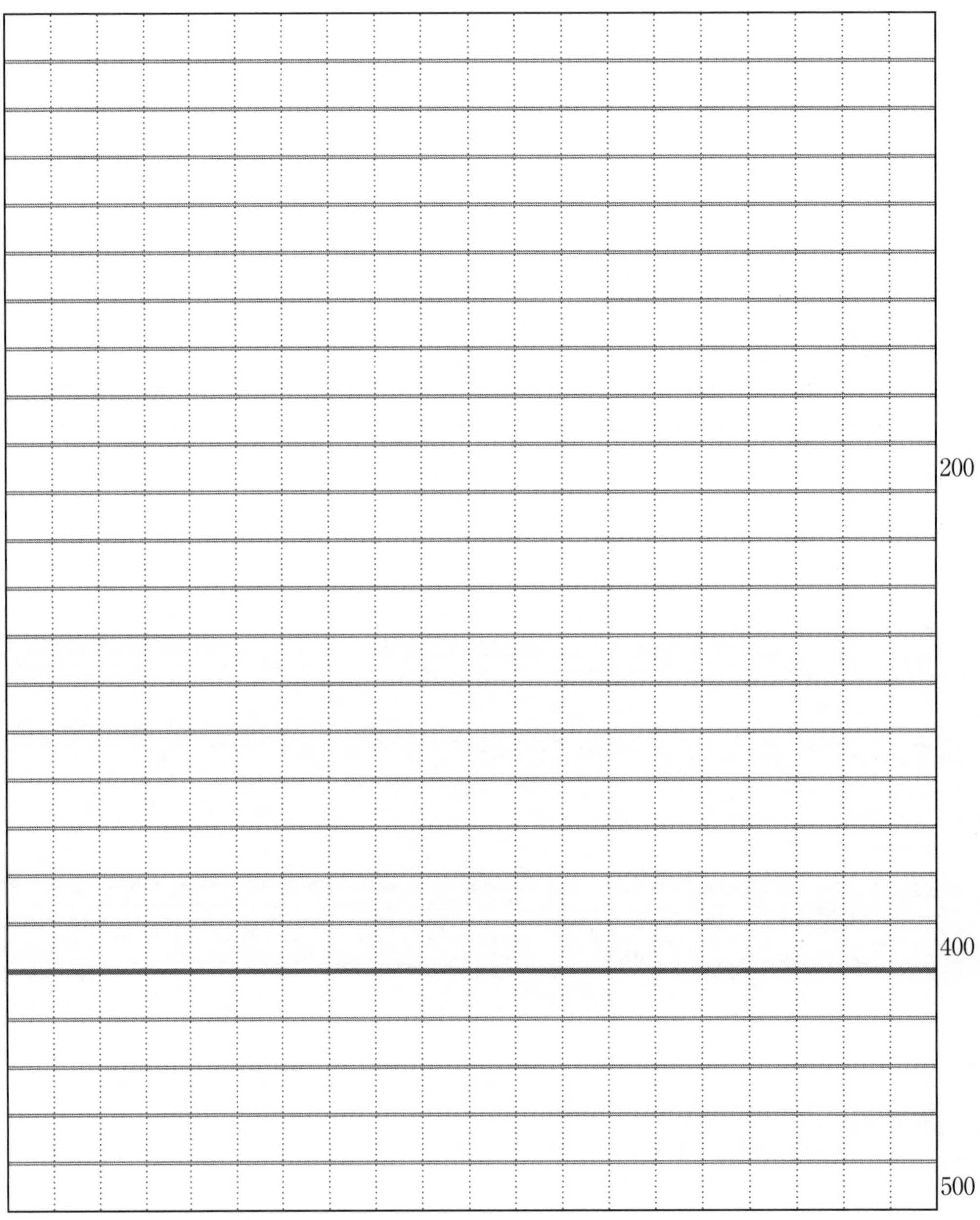

読解問題 ————————————————————————————————————

1番

次の文章で筆者が最も言いたいことは何ですか。

　2007 年に台湾に新幹線が開業した。台北から高雄まで*表定時速がおよそ 250 キロで、主要時間が 1 時間半と聞く。

　日本の新幹線開業は、今からおよそ 50 年前に東京オリンピックが開催された 1964 年のことである。当時、東京から大阪まで最も速い「ひかり」号の所要時間が 3 時間 10 分だった。現在は「のぞみ」号が当時より 30 分以上も早い 2 時間半で東京と大阪を結んでいる。新幹線の開業で台湾の都市間の移動は格段に便利になったに違いない。だが、この先、台北から高雄まで 1 時間と、東京から大阪まで 2 時間 10 分と、短くし続けていく必要が本当にあるのだろうか。これ以上スピードは上げず車内のサービスがいろいろある新幹線、速さ以外の魅力を持った新幹線があってもいいのではないだろうか。

＊表定時速：平均時速

1．スピードが一層速く出せる新幹線を開発すること
2．スピードが一層速く出せて多くの人が乗れる新幹線を開発すること
3．新幹線のスピードをこれ以上上げず、料金を今より安くすること
4．新幹線の速さは大切だが、過度に速くするのは疑問に感じること

解答　① ② ③ ④

2番

　次の文章の中で、動詞と形容動詞のグループ分けについて何と述べていますか。

　「おもしろい」は日本語と英語では形容詞だが、中国語と韓国語では動詞である。「好き」、「嫌い」は日本語では形容動詞という形容詞に含まれるグループに分けられるが、英語、中国語、韓国語ではいずれも動詞である。日本語では、「おもしろい」や「好き」、「嫌い」をある人に属する性質としてとらえるのに対し、中国語や韓国語では、ある人の行動に属するものとしてとらえるという見方の違いである。「おもしろい」や「好き」、「嫌い」は日常よく使われることばだが、意味を明示することのほかに、それぞれの国の文化に関連した物の見方、考え方が深く含まれている。

1．ある人に属する性質としてとらえる。
2．ある人に属する性質としてはとらえない。
3．「好き」、「嫌い」は、日本語では同じグループに含まれる。
4．「好き」、「嫌い」は、英語と中国語では同じグループに含まれない。

解答　① ② ③ ④

1番

　男子学生と女子学生がどの授業を取ろうかと話をしています。女子学生が取る授業はどれですか。

第3時限

国際関係論	大山
経済学概論	山田
西洋経済史	鈴木
フランス語	伊藤

第4時限

経済学概論	佐藤
簿記原論	伊藤
憲　　法	山川
フランス語	吉田

1．3時限「西洋経済史」・4時限「経済学概論」

2．3時限「国際関係論」・4時限「経済学概論」

3．3時限「西洋経済史」・4時限「憲法」

4．3時限「経済学概論」・4時限「憲法」

解答　① ② ③ ④

2番

　女子学生がパソコンを買おうと思っています。この女子学生はいくら払うことになりますか。

新入生半額！

パソコン

新発売！
ＡＢＣ－１型　　一括払い：　　180,000 円
　　　　　　　　分割払い：　　20,000 円 ×10 回

ＸＹＺ－５型　　一括払い：　　140,000 円
　　　　　　　　分割払い：　　16,000 円 ×10 回

キャリングバッグ　　5,000 円

1．145,000 円
2．75,000 円
3．180,000 円
4．90,000 円

解答　① ② ③ ④

聴解問題 ——————————————————————————————

1番

◆　メ　　モ　◆

【解答欄】	正　し　い	① ② ③ ④
	正しくない	① ② ③ ④

2番

◆　メ　　モ　◆

【解答欄】	正　し　い	① ② ③ ④
	正しくない	① ② ③ ④

記述問題

　ゲームは個人で楽しむもので、その範囲であれば、自由にやればいい、という考え方があります。これについて、ゲームをすることによる影響に触れながら、あなたの意見を 400 字から 500 字で書いてください（句読点を含む）。

〈解答用紙〉

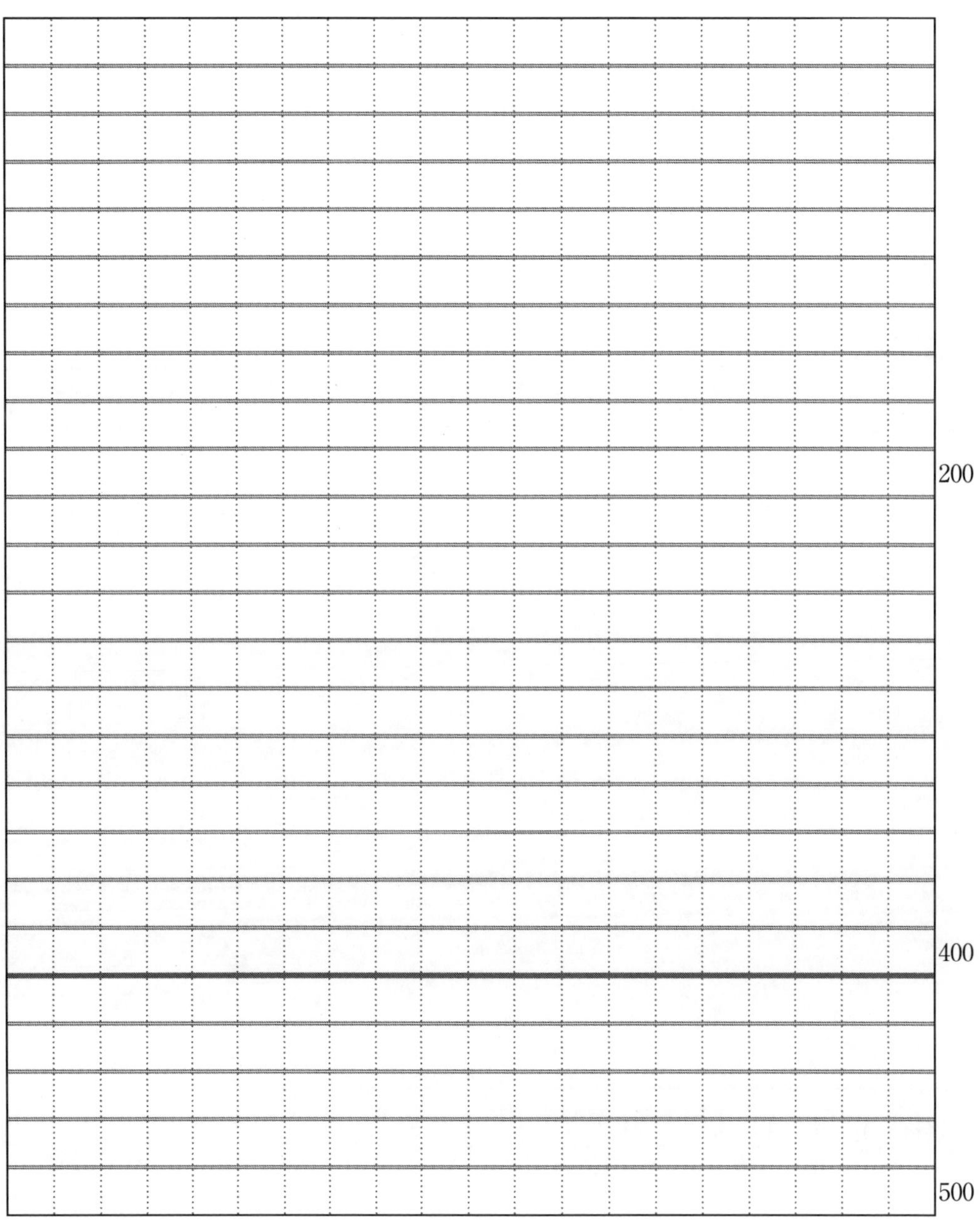

200

400

500

読解問題 ————————————————————————————

1番

　次の文章の（　Ａ　）に入るものとして、最も適当なものはどれですか。

　とどのつまり（　Ａ　）。人間は精妙な生物ですばらしいことを考えたり成し遂げたりする一方、恐ろしく愚かで野蛮なことをせずにいられない。この両面を持つのが人間なのだ。私もその一人。人間はいつも理性によって生き行動するのではなく、非理性・反理性的情念に押され、突き飛ばされるように生きている。だから人間社会には予測不可能なことが始終頻繁に起きる。

（吉田秀和「音楽展望」朝日新聞 2007 年 2 月 21 日付夕刊より）

１．世の中は常に不満だらけ
２．世の中は常に予測可能なことだらけ
３．世の中は常に問題だらけ
４．世の中は常にいいことだらけ

解答　① ② ③ ④

２番

次の文章を読んで後の問いに答えなさい。

　最近の労働に関する時事問題のうち、正規雇用者ではないとして、大学を卒業しても時間単位で働いている人をフリーターと名付けて軽視する風潮があるが、これには賛成できない。

　現在、レストランや販売業などの流通業界では、時間単位で働いている人たちに多くの労働力を依存しており、これらの人たちは立派な労働者といえる。時間単位で働いているという点を考慮しなければ、これらの人は正社員と変わらない生産性があり、現場でこのフリーターの人と言われる人たちはとても熱心に働き、やめられては困る貴重な戦力となっているところが多い。時間単位の労働であれ、仕事は決して楽なものとは言えないはずである。そうした人たちを正規雇用ではないからといって軽視することは、（　Ａ　）、自分は常に安価な値段でサービスを受けたいとする要求と矛盾するものだ。政府の見解でもフリーターを正規雇用者にしなければならないという意見が見られる。それも必要だが、先ず必要とされる職場につき、時間単位で働いている人たちの存在を同じ社会の担い手としてきちんと認めることが必要である。

問１　（　Ａ　）に入る言葉として、最も適当なものはどれですか。

1．一方で
2．それに対し
3．ところで
4．それで

解答　① ② ③ ④

問２　文章の内容と合っているものはどれですか。

1．フリーターの存在は、社会にとって無駄でしかない。
2．フリーターは、流通業に限って見られる時事問題である。
3．フリーターの存在は、社会問題として取り上げられる必要はない。
4．フリーターは、立派な社会人として認められる必要がある。

解答　① ② ③ ④

聴読解問題　　　　　　　　　　　　　　　　　　　　　　CD 1　TRACK 25

1番

　教務課の事務員が留学生の日本語クラスの履修方法について説明しています。正しく記入してあるのはどれですか。

1.

クラス	第一希望					第二希望				
	月	火	水	木	金	月	火	水	木	金
	○		○							

2.

クラス	第一希望					第二希望				
	月	火	水	木	金	月	火	水	木	金
		○					○			

3.

クラス	第一希望					第二希望				
	月	火	水	木	金	月	火	水	木	金
	○		○						○	

4.

クラス	第一希望					第二希望				
	月	火	水	木	金	月	火	水	木	金
			○						○	

解答　①　②　③　④

2番

　大学の先生が記憶について話しています。先生は今、プリントのどの部分を話しているでしょうか。

記憶の種類

1. 短期記憶 …短い時間だけ覚えている記憶

2. 長期記憶 …長い期間、保持される記憶

3. 陳述記憶 …言葉や図形などによって表現できる記憶

　　▶エピソード記憶…個人が経験した出来事の記憶

　　▶意味記憶…知識や言葉の意味など、学習を通して得た記憶

4. 非陳述記憶 …言葉や画像などで表現できない記憶

　　▶手続き記憶…無意識のうちに体で覚えている記憶

解答　① ② ③ ④

聴解問題 ————————————————————————————————

1番

◆　メ　　モ　◆

【解答欄】	正　し　い	① ② ③ ④
	正しくない	① ② ③ ④

2番

◆　メ　　モ　◆

【解答欄】	正　し　い	① ② ③ ④
	正しくない	① ② ③ ④

　幼い子供がいても、女性は自由に働くことができる、という意見があります。これについて、母親と子どもの関係を説明し、あなたの意見を400字から500字で書いてください（句読点を含む）。

〈解答用紙〉

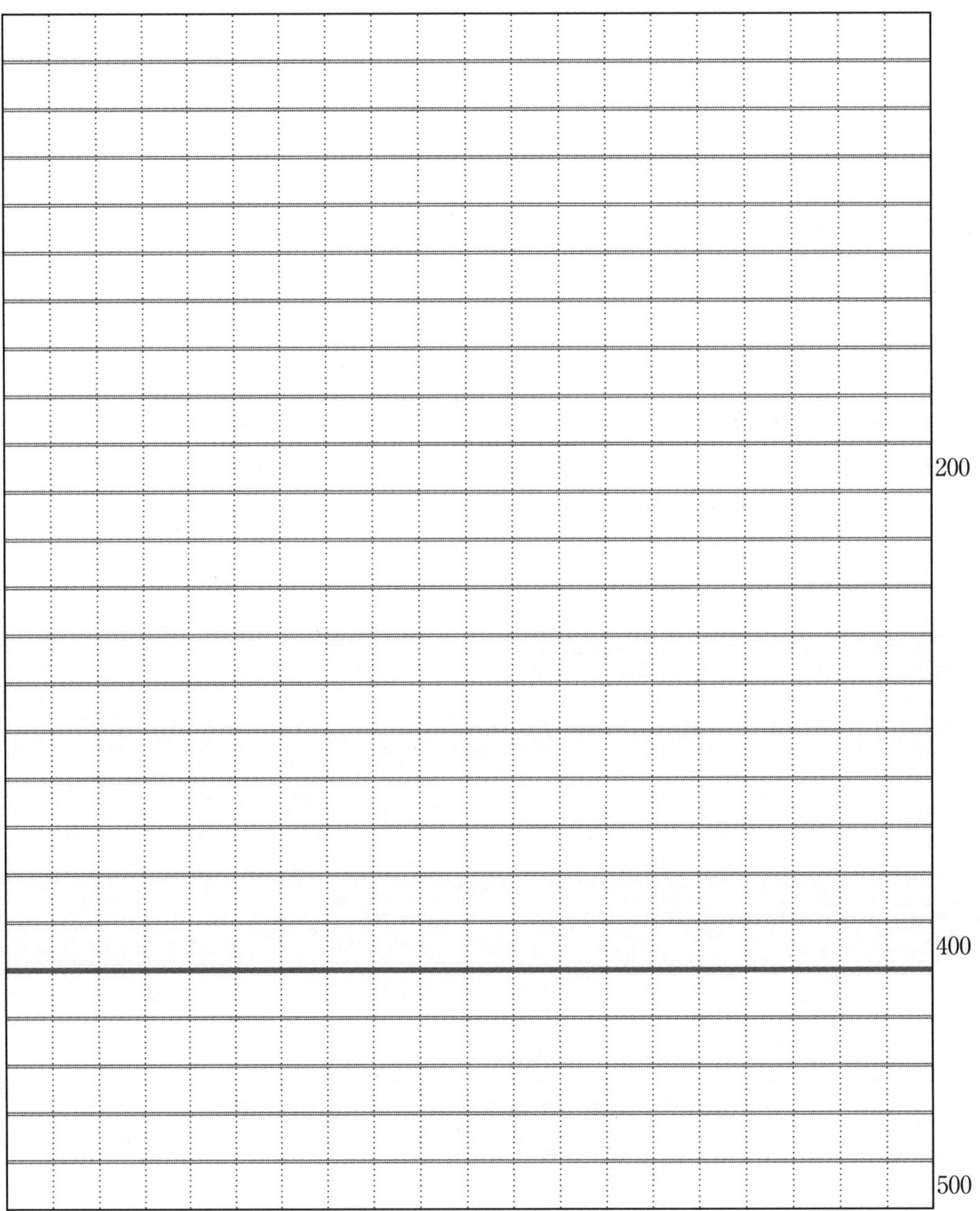

読解問題

1番

次の「お知らせ」のタイトルに合っているものはどれですか。

　今月の18日から来月の6日までは大学の構内及びその周辺の「クリーンキャンペーン」が行われます。毎日、昼と夜の2回にわたり、教職員と学生の40人前後で構内及びその周辺の清掃を行います。最近の大学生は歩行喫煙やゴミの投げ捨てなどを頻繁に行っていることから、マナーの向上を呼びかけています。

　良い生活環境づくりのため、特に来年から、駅から学校までの通学路を清掃して歩くことも考えています。こうした活動によって地域社会に貢献することも、大学が果たすべき役割と考えます。

1．通学路の変更について
2．ゴミの投げ捨てについて
3．社会参加について
4．歩行喫煙について

解答　① ② ③ ④

2番

次の文章を読んで後の問いに答えなさい。

かなり以前のことになるが、亡き祖父は私の名前を愛称で呼びながら、「○○ちゃん、勉強以外にも、何か一つ趣味をね。」と言うのが口癖だった。

「趣味」の「味」は「好み」の「み」に通じ、人間が生きていく上で、心を引かれる対象となるものである。芸術やスポーツをはじめ、その対象は人によってさまざまなものが考えられる。趣味はその人が持つ人間性、心の広さや温かさといったものを決定する要素になるものだと言える。

最近、趣味がないという回答をする人を時折見受けるが、これは（　Ａ　）、ということを言っているようなものである。端的に言えば、趣味がないということは、何かをして楽しく感じる経験がないということになり、趣味がある人に比べ、その人の情緒力はどうしても劣ることにならざるを得ない。祖父の趣味は釣りだが、よく、釣れた魚を近所に分けたり、自分で料理して友達や親戚を招いたりしたそうだ。趣味を持つか持たないかは、人間の魅力を左右しかねない重要なものであることをしみじみと感じている。

問1　（　Ａ　）に入るものとして最も適当なものはどれですか。

1．人間として何かを味わい、感じる対象がない
2．人間として何かを味わえるが、感じる対象がない
3．人間として何かを味わえないが、感じる対象がある
4．人間として何も味わわず感じないことが大切だ

解答　① ② ③ ④

問2　文章の内容と合っているものはどれですか。

1．趣味には有益なものとそうではないものがある。
2．趣味には楽しく感じる経験にならないものがある。
3．趣味は持っていなくても人間性の付加に問題はない。
4．趣味は少なからず人間性を形作るものに関連している。

解答　① ② ③ ④

1番

ツアーの添乗員が旅行客に話しています。変更後の予定はどうなりますか。

1. 遊覧船 → 昼食 → ビール工場 → 夕食

2. ガラス工房 → 昼食 → 自由行動 → 夕食

3. ガラス工房 → 昼食 → ビール工場 → 夕食

4. 遊覧船 → 昼食 → ガラス工房 → 夕食

解答　① ② ③ ④

2番

　男子学生と女子学生が成績表を見ながら話しています。女子学生の成績表はどれですか。

成績表	1	2	3	4
日本語学概論	B	A	A	A
日本語音声学Ⅰ	B	D	A	C
日本語音韻学Ⅰ	C	A	A	B
外国語（英語Ⅰ）	C	A	C	C
外国語（フランス語Ⅰ）	B	A	A	C
日本語教育（実習）	C	D	C	A
日本語教育（講義）	A	B	A	B

解答　① ② ③ ④

聴解問題

1番

◆　メ　　モ　◆

【解答欄】	正　し　い	① ② ③ ④
	正しくない	① ② ③ ④

2番

◆　メ　　モ　◆

【解答欄】	正　し　い	① ② ③ ④
	正しくない	① ② ③ ④

以下の二つのテーマのうち、どちらか１つを選んで400字から500字で書いてください（句読点を含む）。

①すべての電車やバスに優先席を設けるべき、という意見があります。これについて、自分の経験を交えて、あなたの意見を書いてください。

②漫画を読むことも読書に含まれる、という考えがあります。これについて、現実世界と非現実世界の関係に触れながら、あなたの意見を書いてください。

〈解答用紙〉

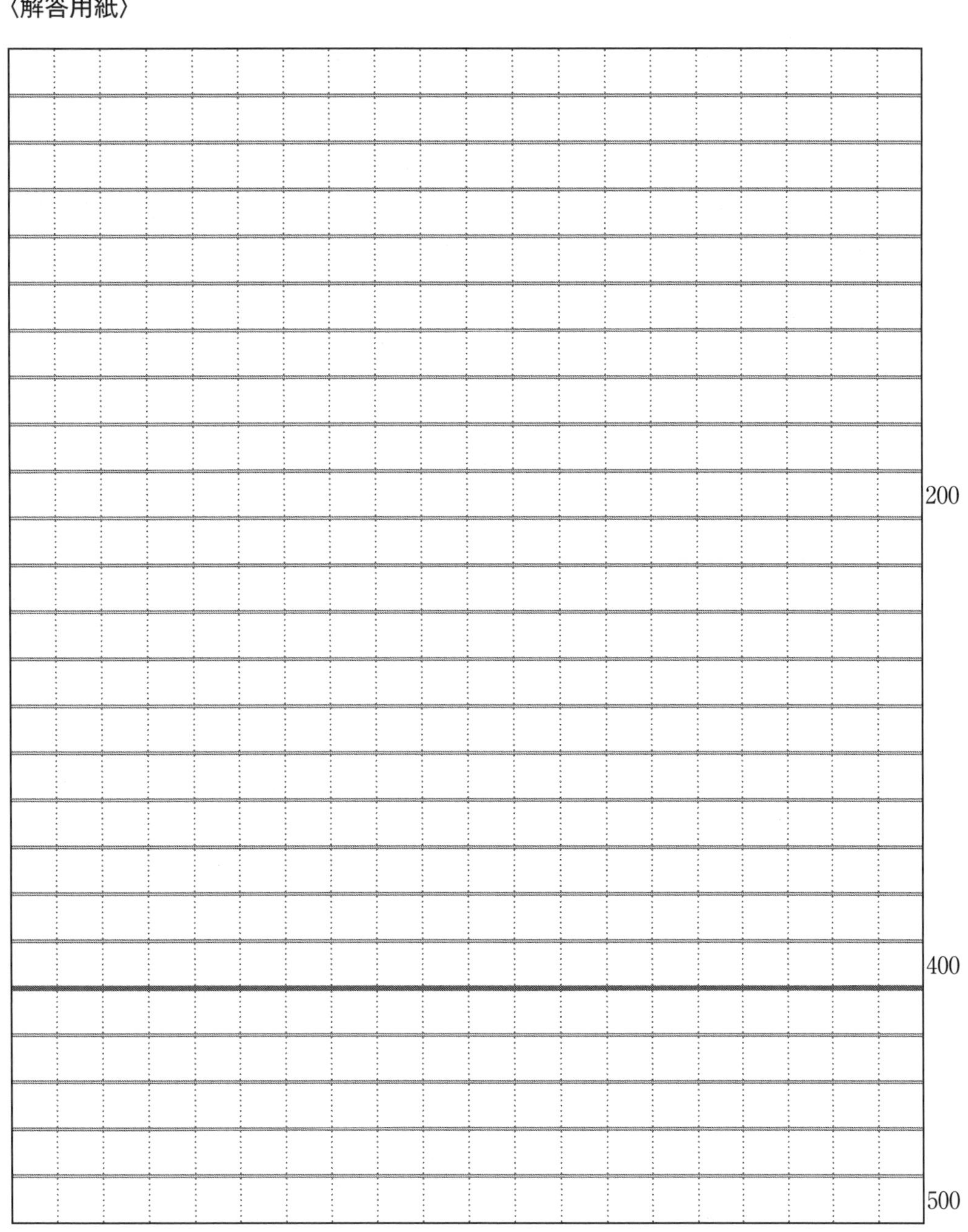

200

400

500

1番

次の文章について、筆者が言いたいことと最も合っているものはどれですか。

　日本語では「トマト」は野菜の仲間になるが、英語では果物の仲間になる。ここでわかることは、日本語の野菜・果物と英語の野菜・果物は全く同じではなく、意味される内容が違っていることである。また、「汽車」は*気動車の一つを指すが、中国語では自動車を指す。ここでわかることは、日本語の「汽車」と中国語の「汽車」は、意味される内容が全く違っていることである。英語の野菜と果物は、それぞれラテン語で「楽しめるもの」、「生き生きとしたもの」という意味を持っているが、日本語の野菜と果物には、そもそもこのような意味はない。最近、中国語の有限会社は日本語の株式会社であると断言した人がいたが、これも二つの違った言葉の間で意味が等しく認められる部分だけを結びつけているに過ぎない。このようなやり方では、言葉の本質を理解することは難しい。

*気動車：動力機関をのせた鉄道車両

1．日本語と英語では、意味される内容が違っている言葉があること
2．日本語と中国語では、意味される内容が全く違っている言葉があること
3．言葉の意味は、便利主義的な発想でとらえている人が多いこと
4．言葉の意味を、便利主義的な発想ではとらえられないこと

解答　① ② ③ ④

2番

次の文章の（　Ａ　）に入るものとして、最も適当なものはどれですか。

　結婚とは、それまで異なった生活をしてきた男女が新たに生活をし始めることである。
　かなり簡潔に表現したが、これはなかなか難しいことである。結婚前に愛情に満ちあ
ふれている男女の場合も例外ではない。なぜなら、結婚前はお互いの愛情にあふれ、思
いやりの気持ちが強くなっていることは簡単に想像できるが、その愛情や思いやりの気
持ちが永遠に続くという保証はない。それらを長く持続させるためには、お互いの忍耐
が必要になる。だから、結婚を考える人は、むしろ（　Ａ　）。そういう気持ちを持ち
得ない人は結婚しないほうがいいと考えられる。

１．同じように愛情を持ち続けなくてもいいと考えなければならない
２．同じように愛情を持ち続けられないと考えなければならない
３．同じように愛情を持ち続けられないことに自信を持たなければならない
４．同じように愛情を持ち続けることに少し疑いを持つくらいのほうがいい

解答　① ② ③ ④

1番

　女子学生がアジサイについて発表しています。この学生が発表しているのは、どの話題についてですか。

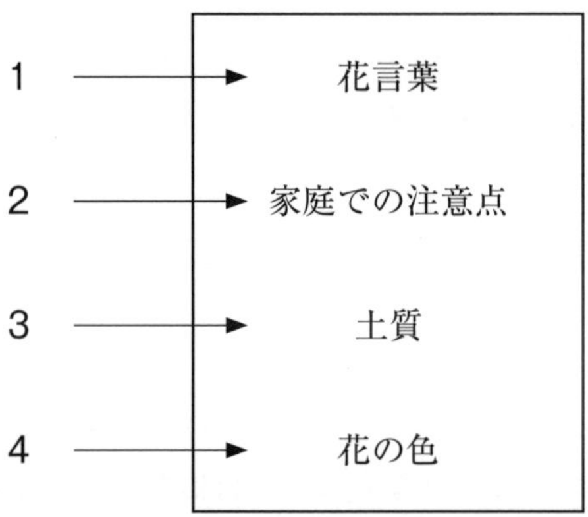

解答　① ② ③ ④

2番

先生が課題レポートの提出について説明しています。先生の説明に合っているレポートの表紙はどれですか。

1.

教育学概論
1月29日提出

「日本と米国の教育制度について」

経済学部経済学科
学籍番号　420891521
氏　名　吉田　和美

2.

教育学概論
1月29日提出

「日本と米国の教育制度について」

経済学部経済学科
420891521 番

吉田　和美

3.

教育学概論
1月29日提出

「日本と米国の教育制度について」

経済学部経済学科
420891521　吉田　和美

4.

科目名　教育学概論
氏　名　吉田　和美
学生番号　420891521
経済学部経済学科

「日本と米国の教育制度について」

解答　① ② ③ ④

1番

◆　メ　　モ　◆

【解答欄】	正　し　い	① ② ③ ④
	正しくない	① ② ③ ④

2番

◆　メ　　モ　◆

【解答欄】	正　し　い	① ② ③ ④
	正しくない	① ② ③ ④

第９回　記述問題

　以下の二つのテーマのうち、どちらか一つを選んで400字から500字で書いてください（句読点を含む）。

①占いは客観的な情報で、ある程度参考になる、という意見があります。これについて、占いと共通する点を持つほかの例を示し、あなたの意見を書いてください。

②ペーパーテストは作った人の意図を反映したもので、人の能力を正しく測れるものではない、という意見があります。これについて、ペーパーテストが客観的な材料になるかどうか、という点を含めて、あなたの意見を書いてください。

〈解答用紙〉

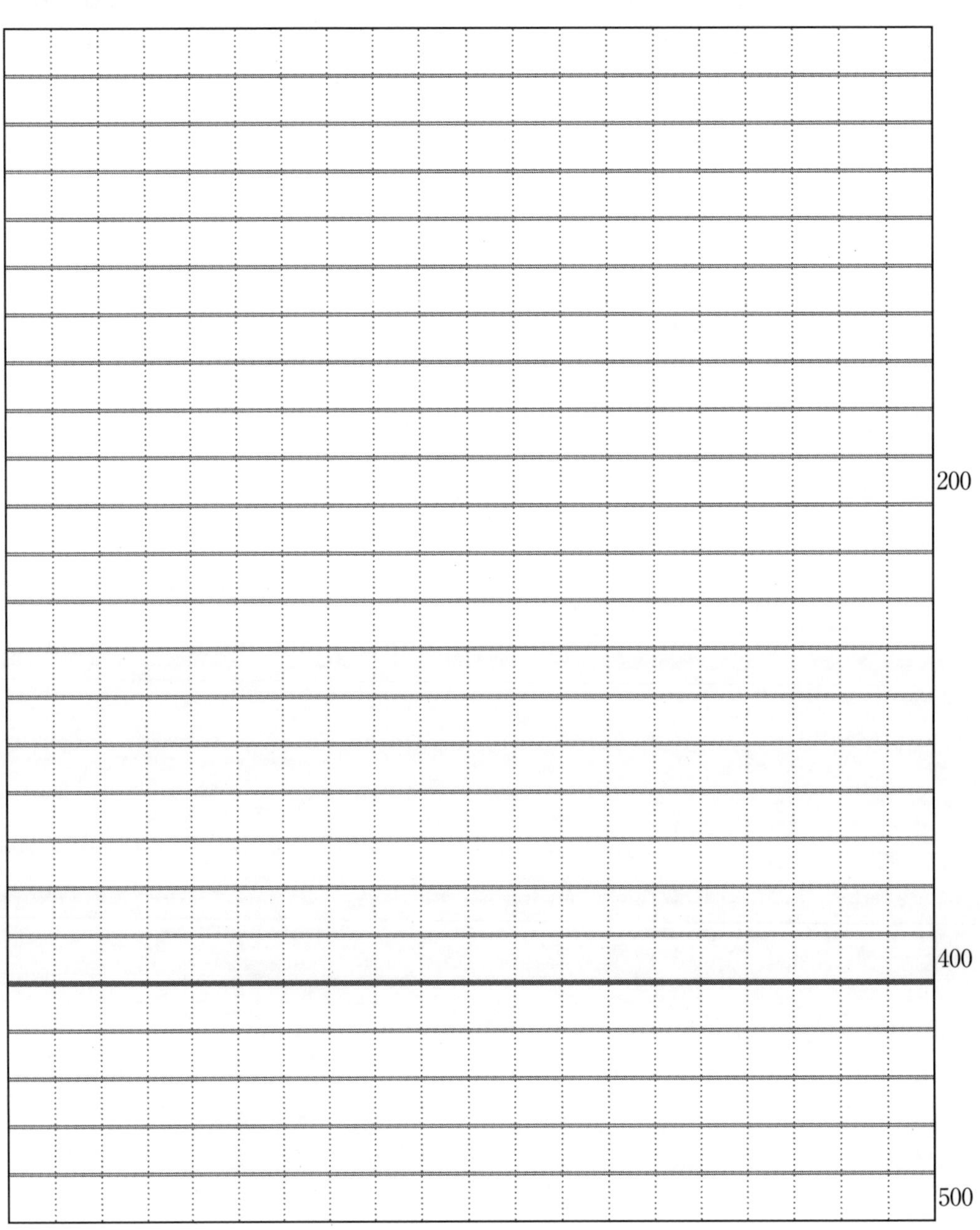

1番

次の文章の内容と合っているものはどれですか。

何でもかんでも「昔の方がよかった」と言う人がいる。昔の方が生活がゆっくりしていてよかった。昔の方が人が親切でよかった。挙げ句の果てには、昔の方が天気がよかった、などと言い出す始末だ。

こんなことを言うのは、たいてい老人である。彼らにとって「昔」というのは、「自分が若かった頃」である。誰だって若い頃の生活は楽しいものだろう。だから、私は「昔の方がよかった」というのは、一種の思い出話だと思っていた。

しかし、「昔の方がよかった」というのは、本当かもしれない。地球規模の環境破壊のためであろうか、このごろの気候は確かにおかしい。記録にないような大雨が降ったり、夏が異常に涼しかったりする。

老人が「昔の方がよかった」と言うのは、次の世代への忠告として、真剣に聞くべきなのかもしれない。

1．老人の昔話はいつも同じで、あまり好きではない。
2．昔はすべてよかったというのは、客観的事実である。
3．老人の言うことをすべて頭から軽視してはいけない。
4．若い頃の思い出は環境破壊によってゆがめられている。

解答　① ② ③ ④

2番

次の文章を読んで後の問いに答えなさい。

　全く食べないことはないのですが、日本にも森美智代さんという一日に青汁一杯だけ、一日25キロカロリーしか摂取しないで生きている人が存在します。彼女を検査した医師の方々は、（　Ａ　）と言いながらも、目の前の事実を否定するわけにもいかずに困ってしまうそうです。そんな中、腸内細菌の権威の辨野義己農学博士が彼女の腸内細菌叢を調べたところ、「まるで草食動物の腸内のようだ」と言ったというのです。つまり、草食動物しか持っていない腸内細菌を人間の彼女が持っていたのです。その腸内細菌によって、青汁から必要なタンパク質やビタミンなどを合成しているというわけなのです。

　ちなみに、パプアニューギニア高地の人達は芋類しか食べないので、タンパク質が不足しているはずなのにすごく筋肉質な体をしています。しかも、貧血などの低栄養状態は見られずに健康そのものなのです。これは、彼らの腸内細菌がアンモニア態窒素をアミノ酸として取り込み、タンパク質を合成する特殊な腸内細菌叢を持っているためなのです。

（佐野智弘『牛乳でガンのリスクが下がる !? ──知っておきたい健康情報』ゴマ文庫より）

問1　（　Ａ　）に入るものとして、最も適当なものはどれですか。

1.「現代栄養学では説明がつく」
2.「現代栄養学では説明がつかない」
3.「現代栄養学では納得のいく見解が出ている」
4.「現代栄養学では納得のいく見解に疑問もある」

解答　① ② ③ ④

問2　文章の内容と合っているものはどれですか

1. 草食動物が持っている腸内細菌は人間も持っていること
2. この世界には、現代の科学ではうまく説明できない現象があること
3. パプアニューギニアの人々は筋肉質で健康そのものであること
4. 日本人も外国人も、摂取するビタミンはさらに少なくていいこと

解答　① ② ③ ④

1番

　先生がレポートの参考文献の書き方について説明しています。参考文献の書き方として、正しいものはどれですか。

1．田中　太郎（2015 年）「近代日本の文化」『ぶんか』ＪＰ書店

2．田中　太郎（二〇一五年）「近代日本の文化」『ぶんか』ＪＰ書店

3．田中　太郎（2015 年）「近代日本の文化」ＪＰ書店『ぶんか』

4．田中　太郎（二〇一五年）『ぶんか』ＪＰ書店「近代日本の文化」

解答　① ② ③ ④

2番

この先生が使っているのはどのグラフですか。

1. 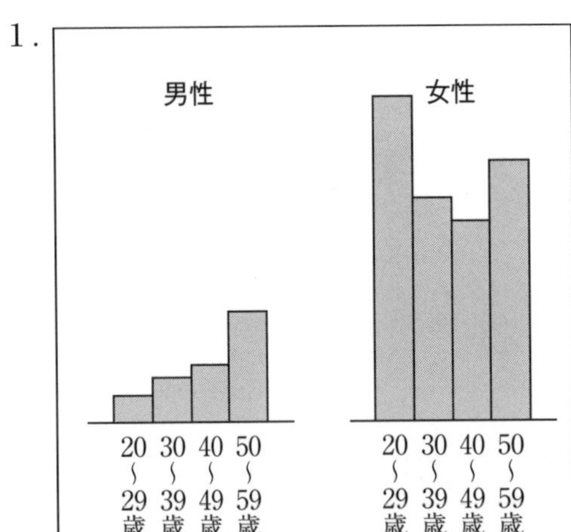

2. 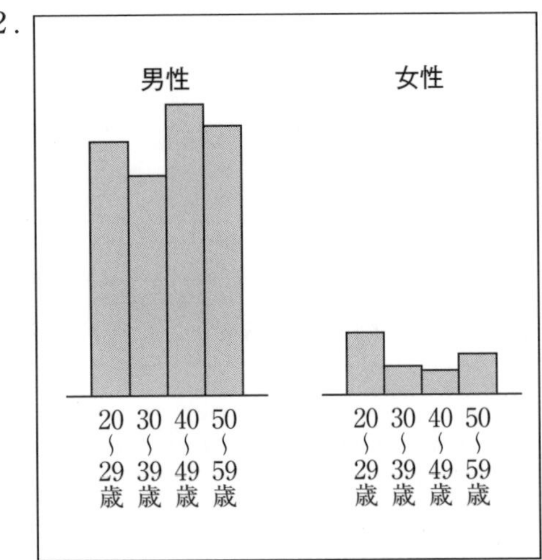

3. 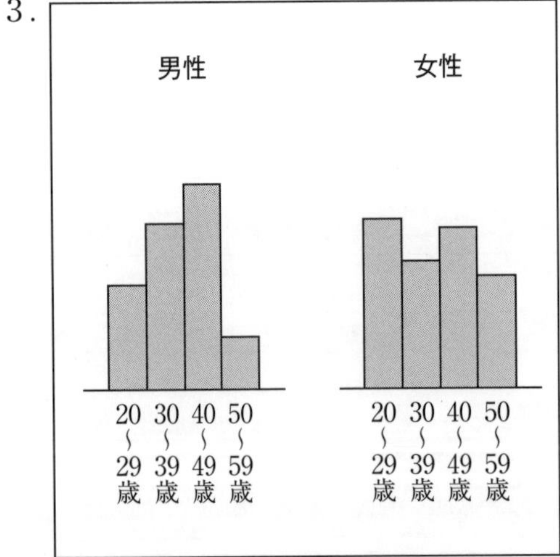

4. 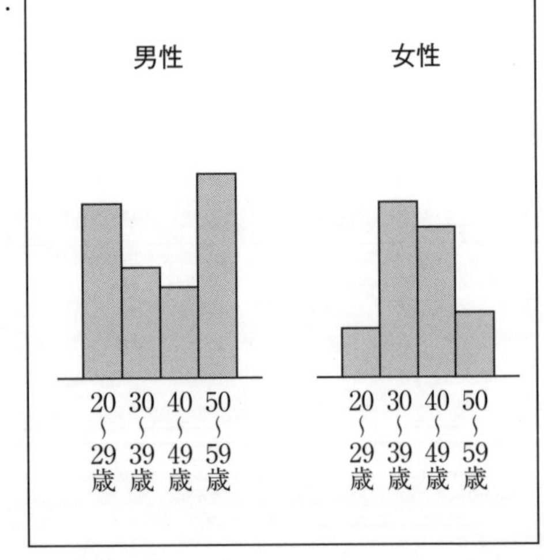

解答　① ② ③ ④

聴解問題

1番

◆　メ　モ　◆

【解答欄】

正　し　い	① ② ③ ④
正しくない	① ② ③ ④

2番

◆　メ　モ　◆

【解答欄】

正　し　い	① ② ③ ④
正しくない	① ② ③ ④

以下の二つのテーマのうち、どちらか一つを選んで400字から500字で書いてください（句読点を含む）。

① 結婚は若いうちにしたほうがいい、という意見があります。これについて、結婚のいい点と難しい点の説明をし、あなたの意見を書いてください。

② 人生の生き方として、地位や名誉、経済的な豊かさを重視する考えがあります。これについて、社会的な成功と幸せになることとの関係を説明し、あなたの意見を書いてください。

〈解答用紙〉

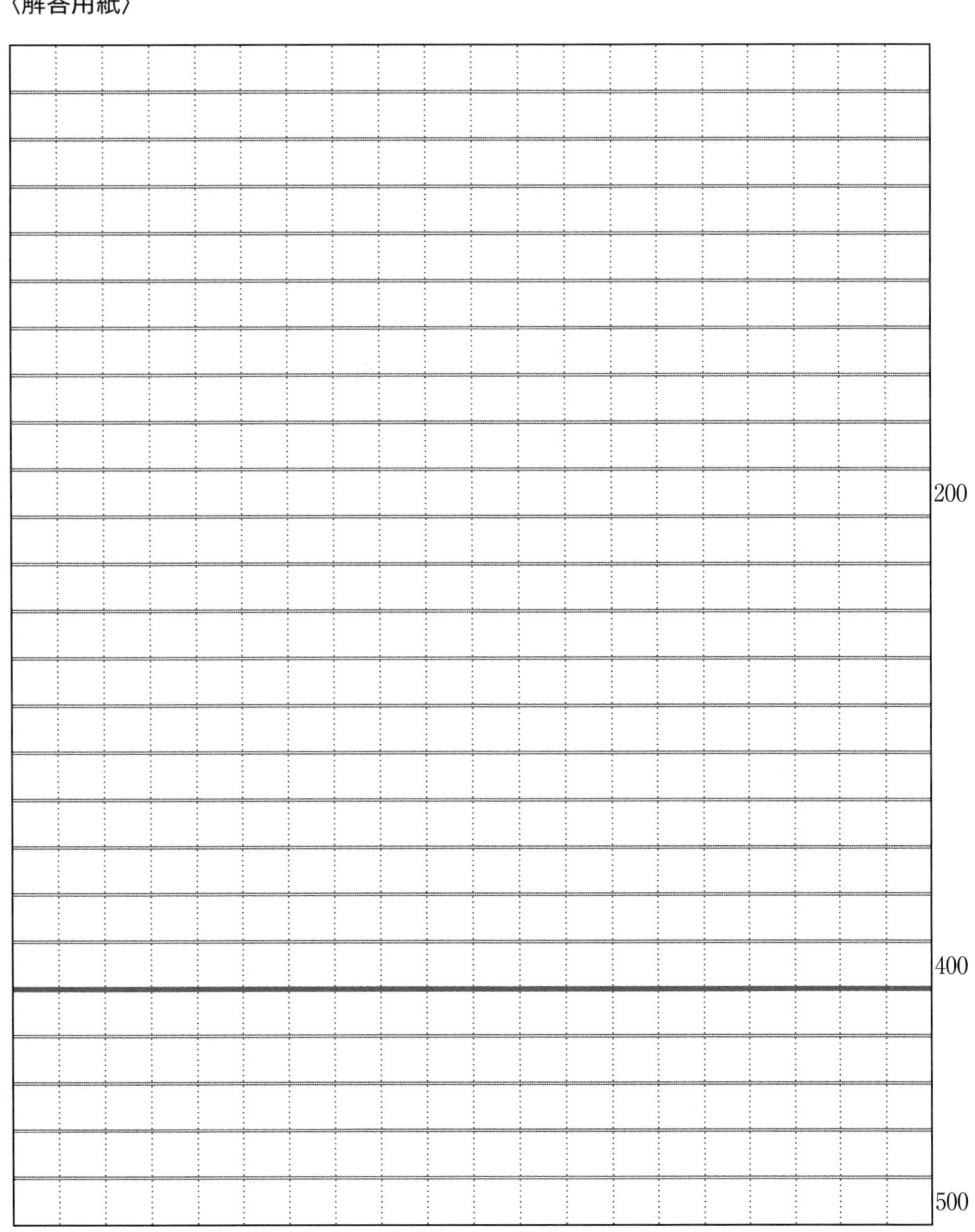

1番

次の文章の（　A　）に入るものとして、最も適当なものはどれですか。

　日常生活を送っていると、（　A　）と思いがちだが、世界それぞれの地域で生活している人々の環境を考慮すると、事態はそれほど簡単ではないようだ。
　英語で休暇は"vacation"だが、この言葉と同じ語源の"vacancy"、"vacant"の訳語は"空白"になる。"空白"になること、すなわち、何もせずにいることは、少なくとも日常的に英語を使用する文化の人にとっては、最上の休暇であり特権なのだ。夏、砂浜の海岸で何もせずに寝そべっている、何もせずに別荘で数週間を過ごす、という風景は、私が日本という文化圏で持ち続けてきた"休暇"の概念と全く別の概念である。私たち日本人は、休みの時でも何かをせずにはいられない。忙しさと日本人とは相補的な、車の両輪のようなものだと考えられる。

1．何もしないでいることほど楽しいものはない
2．何もしないでいることほど辛いものはない
3．何もしないでいることほど易しいものはない
4．何もしないでいることほど平凡なものはない

解答　① ② ③ ④

2番

次の文章を読んで後の問いに答えなさい。

　家で仕事量が多いときなど、どうしても店屋物を取らなければならなくなることがある。私はそういうとき、食べ終わった器類を洗うことに加え、器の中にメモを入れることにしている。「ごちそうさまでした」というメモが多いが、雨で注文が重なっている中で持ってきてくれた場合などは、（　Ａ　）などのメモを残している。

　かなり前に「小さな親切」運動というものが提唱されたことがあった。これからは、小さな親切を相手にしてあげる姿勢が社会をよくする第一歩になるというのである。店屋物の器を洗ったあとにメモを残すという行いは、私がお店の人に何か"小さな親切"を感じてもらいたくて続けてきたことであった。私がよく使うあるお店は、注文の内容に関係なく、ほとんど笑顔で30分以内に頼んだものを届けてくれる。明るい社会生活を作る鍵は、代価を要求することのない、無償の"小さな親切"をあげる喜びを感じられるかどうかではないかと思うのである。

問1　（　Ａ　）に入るものとして最も適切なものはどれですか。
1.「お忙しいところ、ありがとうございました」
2.「次回も雨の時に注文するかもしれません」
3.「雨の中でも早く持ってきてくれたんですか」
4.「代金はあとでお支払いします」

解答　① ② ③ ④

問2　次の中で、小さな親切運動に相当するものはどれですか。
1.　小さな運動や体操を毎日続けること
2.　電車の中で互いに席を譲り合うこと
3.　町を早く歩かず、落ち着いて歩くようにすること
4.　小さな問題で行動せず、大きな問題が起きたときに行動すること

解答　① ② ③ ④

問3　この文章で、筆者が最も言いたいことはどれですか。
1.　小さな親切運動が大切であるということ
2.　小さな親切運動でこれまでの社会が作られてきたということ
3.　お店が注文したものを届けてくれる時間が早くなって、助かっているということ
4.　その人の心の持ち方次第で社会は明るくなるということ

解答　① ② ③ ④

1番

　リーさんが、日本語の授業のどの科目を取ったらいいか、教授と相談しています。リーさんはどの科目を取りますか。

科　目	曜日・時限	内　容
日本語Ⅰ	月曜3時限	文章の書き方・ビジネスレター
日本語Ⅱ	火曜4時限	文章の書き方・レポートと論文
日本語Ⅲ	月曜3時限	日本語基本文法
日本語Ⅳ	水曜4時限	経済新聞を読む
日本語Ⅴ	木曜1時限	日本語会話（初級）
日本語Ⅵ	金曜2時限	日本語会話（中級）

1．日本語Ⅰと日本語Ⅴ
2．日本語Ⅱと日本語Ⅴ
3．日本語Ⅱと日本語Ⅲ
4．日本語Ⅲと日本語Ⅵ

解答　① ② ③ ④

2番

　大学の先生が「ジョハリの窓」について講義をしています。先生の質問に対する答え
として正しいものはどれですか。

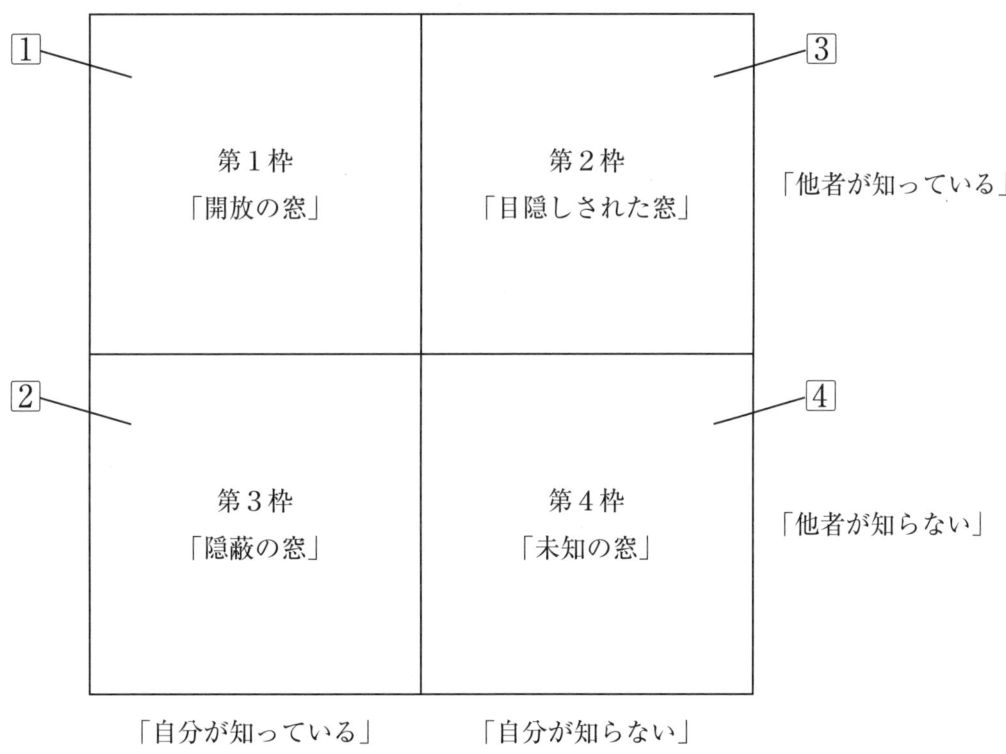

解答　① ② ③ ④

1番

◆ メ　モ ◆

【解答欄】	正 し い	① ② ③ ④
	正しくない	① ② ③ ④

2番

◆ メ　モ ◆

【解答欄】	正 し い	① ② ③ ④
	正しくない	① ② ③ ④

PART **3**

模擬試験

記述問題
読解問題
聴読解問題
聴解問題

◆ 日本留学試験の内容・構成 ◆
に ほんりゅうがく し けん　　ないよう　　こうせい

領 域 りょういき	配点 はいてん	時間 じかん	試験のねらい し けん
記 述 きじゅつ	0 〜 50 点 てん	30 分 ぷん	**ア）直接的理解能力：** ちょくせつてき り かいのうりょく 言語として明確に表現されていることを、そのまま理 げんご　　　　　　めいかく　ひょうげん 解することができるかを問う。例えば、次のようなこと。 かい　　　　　　　　　　と　　たと　　　つぎ ▶個々の文・発話内で表現されている内容を、正確に 　ここ　ぶん　はつ わ ない ひょうげん　　　　ないよう　　せいかく 　理解することができるか 　り かい ▶文章・談話全体の主題・主旨を、的確にとらえるこ 　ぶんしょう　だん わ ぜんたい　しゅだい　しゅ し　　てきかく 　とができるか
読解 どっかい	0 〜 200 点 てん	40 分 ぷん	**イ）関係理解能力：** かんけい り かいのうりょく 文章や談話で表現されている情報の関係を理解するこ ぶんしょう　だん わ　ひょうげん　　　　　じょうほう　かんけい　　り かい とができるかを問う。例えば、次のようなこと。 と　　たと　　　つぎ ▶文章・談話に含まれる情報のなかで、重要な部分、 　ぶんしょう　だん わ　ふく　　じょうほう　　　じゅうよう　ぶ ぶん 　そうでない部分を見分けることができるか 　　　　　ぶ ぶん　み わ ▶文章・談話に含まれる情報がどういう関係にあるか 　ぶんしょう　だん わ　ふく　　じょうほう　　　　　　かんけい 　を理解することができるか 　　り かい ▶異なる形式・媒体（音声、文字、図表など）で表現 　こと　　けいしき　ばいたい　おんせい　も じ　ず ひょう　　　ひょうげん 　されている情報を比較・対照することができるか 　　　　　じょうほう　ひ かく　たいしょう
聴 読解 ちょうどっかい 聴 解 ちょうかい	0 〜 200 点 てん	55 分 ぷん	**ウ）情報活用能力：** じょうほうかつようのうりょく 理解した情報を活用して論理的に妥当な解釈が導ける り かい　じょうほう　かつよう　　ろんりてき　だ とう　かいしゃくみちび かを問う。例えば、次のようなこと。 と　　たと　　　つぎ ▶文章・談話の内容を踏まえ、その結果や帰結などを 　ぶんしょう　だん わ　ないよう　ふ　　　　　　けっか　き けつ 　導き出すことができるか 　みちび だ ▶文章・談話で提示された具体的事例を一般化するこ 　ぶんしょう　だん わ　ていじ　　　　ぐ たいてき じ れい　いっぱん か 　とができるか ▶文章・談話で提示された一般論を具体的事例に当て 　ぶんしょう　だん わ　ていじ　　　　いっぱんろん　ぐ たいてき じ れい　あ 　はめることができるか ▶異なる形式・媒体（音声、文字、図表など）で表現 　こと　　けいしき　ばいたい　おんせい　も じ　ず ひょう　　　ひょうげん 　された情報同士を相補的に組み合わせて妥当な解 釈 　　　じょうほうどう し　そうほ てき　く あ　　　　　だ とう　かいしゃく 　が導けるか 　みちび

記述問題

　以下の二つのテーマのうち、どちらか1つを選んで400字から500字で書いてくださ
い（句読点を含む）。

①社会生活をするには都会に住むのがいい、という意見があります。これについて、郊
　外に住む場合の長所と短所を説明し、あなたの意見を書いてください。

②電車の中で化粧をするべきではない、という意見があります。これについて、同じよ
　うに批判されることの多い行為を取り上げながら、あなたの意見を書いてください。

Ⅰ　次の文章の（　Ａ　）に入るものとして、最も適当なものはどれですか。　　1

　生死の境目というのがどこかにきちんとあると思われているかもしれません。そして、医者ならばそれがわかるはずだと思われるかもしれません。

　しかし、この定義は非常に難しいのです。というのも、「（　Ａ　）」という状態の定義が出来ないと、この境目も定義出来ません。嘘のように思われるかもしれませんが、その定義は実はきちんと出来ていない。

　以前、生物学の教科書を作るときに、「死」についての説明を入れようとしたら断られたことがありました。

　その理由は、現場の先生がそんなことを教えられないからだというのです。

　なぜ教えられないかといえば、生物学は経験科学だからだというのです。大雑把に言えば、「経験していないことは教えられない」というわけです。

（養老孟司『死の壁』新潮新書より）

1．生きている
2．動いている
3．休んでいる
4．止まっている

　日本語の「おもしろい」は中国語で「有意思」である。この二つの言葉を観察すると、日本語の「おもしろい」は「おもて」が「白い」ように「明るい」ように変わることを意味し、対象について急に新鮮に感じられるものについて言う。一方、中国語の「有意思」は「意思」が「有る」ことを意味し、対象について語り手の意思や気持ちがしっかりと感じられるものについて言う。外国語の言葉の意味を理解することは、その言葉を辞書に書かれている言葉で翻訳することだけでは十分だとは言えない。

1．日本語の「おもしろい」は中国語の「有意思」と同じである。
2．日本語の「おもしろい」は中国語の「有意思」と同じではない。
3．日本語の「おもしろい」は中国語の「有意思」と同じ部分もある。
4．日本語の「おもしろい」を中国語の「有意思」と同じとするのは理解不足だ。

　なにかといえば、すぐ喧嘩をする人と、めったに人と争わないが、腹の立つことがあったら、いつまでも根に持っている人と、どちらがつき合いいいだろうか。私なら、（　Ａ　）。それは私自身が短気で、すぐ腹を立てる単純な人間であるせいもあるが、喧嘩というものは勝っても負けても、後味のよくないもので、それを承知しながら、思わず喧嘩をするというのは、根が*お人よしに決まっているからである。

（河盛好蔵『人とつきあう法』新潮文庫より）

*お人よし：気がよくて善良なこと

1．文句なしに前者をあげる
2．文句なしに後者をあげる
3．どちらがいいかは気分によって決まる
4．どちらかがいいかは一概に決められない

Ⅳ　次の文章の（　Ａ　）に入るものとして、最も適当なものはどれですか。　　4

　正気がおわり狂気がはじまるとき、おそろしいことは、この世界の外観は、依然同じように見えている、ということです。

　駅の前にはタバコ屋があり、そのタバコ屋の赤電話には、街路樹の緑の影がさしている。すべてこの世には事もなし。何の変化もない世界で、ただ彼は「迷惑をかけられ」て困っているのです。

　正気の世界は、（　Ａ　）。

　それは静かな道の半ば、静かな町の四つ角のところで、すっと、かげろうのように消えているのです。あなたは大丈夫ですかね。

（三島由紀夫『新恋愛講座 − 三島由紀夫のエッセイ 2』ちくま文庫より）

1．プールのとび板の端のような危険な場所で、おわるのではありません
2．プールのとび板の端のような危険な場所で、おわるのかもしれません
3．プールのとび板の端のような危険な場所で、おわることもあります
4．プールのとび板の端のような危険な場所で、おわります

　人間の諸活動は、いうまでもなく政治・外交・経済にとどまらない。むしろ人々の多くが興味の対象とするのは、日々の営みにかかわる衣食住であり、習俗や文化である。新聞を通読する際でも、通常は政治面や国際面よりも社会面やスポーツ面に熱を入れるではないか。

　国別情報にも、こうした志向はそのまま当てはまる。そこに住んでいるのはどんな人々なのか、彼らの生活や価値観はどのようなものか、あるいはその国は歴史的に日本とどのような結びつきがあるのか、といった内容であれば知的好奇心はもっと刺激されるにちがいない。

（辻原康夫『早わかり　世界の国ぐに』平凡社より）

1．人間の諸活動は、政治・外交・経済にとどまる部分がある。
2．新聞が社会面やスポーツ面に熱を入れる姿勢は全く正しいことだ。
3．その国に住む人の生活や価値観を理解する姿勢はとても大切だ。
4．その国の人々の生活や価値観を知りたいと思うのは自然なことだ。

Ⅵ　卒業した高校の同窓会から次のような通知が来ました。同窓会に知らせ
　　なくてもいいものはどれですか。

6

　　　緑山高等学校卒業生の皆さん

　　　緑山高等学校の同窓会では、このたび同窓会名簿の改訂を行うことになりました。
　つきましては、現在のご住所・電話番号・メールアドレスをお知らせください。
　　電話番号とメールアドレスについては、掲載を希望されない方も一応お知らせの
　上、「否」と書き添えてください（同窓会の内部資料といたします）。
　　また、同窓会の運営委員会に何かご意見、ご希望がある場合は、お書きください。
　　なお、お名前とともに卒業年次のご記入もお願いいたします。
　　お知らせのない方は、前回の内容をそのまま掲載させていただきます。

1．電話番号とメールアドレス
2．意見・希望
3．卒業年次
4．住所

Ⅶ　次の文章で、筆者が言いたいことと合っているものはどれですか。　　　　　　7

　近年、夏は異常な暑い日が続くようになった。7月の後半や8月の前半に連日40度近い暑さになることも珍しくなくなった。数年前に佐賀県で開かれたある高校のスポーツ大会では、開会式で100人以上の選手が*熱中症になり、病院に運ばれた。その年は、秋になっても、体育祭を行っていた大阪府の高校で30人以上の生徒が熱中症になり、病院に運ばれた。別の県では亡くなる生徒も出た。私自身も、少し外に出るだけで汗だくになり、地球温暖化の影響や異常気象を身に染みて感じざるを得ない。

　そこで私は、夏の野外での体育祭を中止することを提唱したい。40年ほど前は30度を超えたら大変な暑さであり、猛暑であった。ところが、最近の数年間は夏の30度はむしろ涼しいという状態が続いている。体育祭中止の提唱には反対の意見もあるだろう。だが、40年で3割以上も平均気温が上昇し、外に出るだけで異常気象を感じるようになっている現在、この時期に校外で活動させることは、生徒たちをわざわざ大きな危険の中にさらすことになる。これからの夏は、体育祭に代わって室内で活動のできる新たな行事を行うことを提唱したい。

＊熱中症：日射病のこと

1．今年の夏は異常な暑さであったこと
2．現在に比べると、過去の暑さはかなりましであったこと
3．最近の体育祭で、調子を悪くする生徒が増えていること
4．伝統も、時代に応じて柔軟に変えていく必要があるということ

山川市　交通災害共済　　加入説明書

交通災害共済とは

市民のみなさまが掛金を出し合い、不幸にして交通事故にあわれたとき、見舞金を
受けられる市民の助け合いの制度です。

加入できる方

山川市にお住まいで、住民登録または外国人登録をしている方。
※年齢や健康状態による加入の制限はありません。

共済の種類と掛金

2種類のコースのうち、希望するいずれか1つのコースに加入できます。

500円コース　⇒1人年額500円

1,000円コース　⇒1人年額1,000円

＊1人で2種類のコースに加入したり、2口以上加入することはできません。

共済期間

〇加入申し込み手続きをされた日の翌日から1年間

ただし、現在加入をされている方は継続加入の取扱いとなり、共済期間は現在の共
済期間満了の翌日から1年間となります。

＊共済期間の途中で市外へ転出されても、満了日までは有効です。

1．山川市交通災害共済の1年間の掛金は1,500円である。

2．山川市交通災害共済は、病気にかかったときに見舞金が出る。

3．山川市交通災害共済は、山川市に住んでいる人が加入できる。

4．山川市交通災害共済は、山川市在住の外国人は加入できない。

　高校生の時、*カミュの書いた『異邦人』という小説を読んだ。その時の印象は、つまらなく、ただ一人の平凡な男の回想記という感じだけが残った。大学生になり、改めて読んでみたところ、社会に生きる一人の人間の生き方として、これほど切実で深刻なテーマを含んでいるものはないと感じた。「結婚というのは重大な問題だ」と職場の同僚であったマリイが主人公に問いかけて、主人公が即座に「違う」と答えたところなど、大学生になって初めて理解できたところであった。『異邦人』を読んで教えられたことは、（　Ａ　）ということである。

＊カミュ：フランスの作家

1．名作はどの時期に読んでも価値がある
2．名作は名作ごとに理解できる適切な時期がある
3．名作は若い時期に読んでおいたほうが価値がある
4．名作は大学生になってから読んだほうが価値がある

X　次の文章の題として、最も適当なものはどれですか。

　よく醤油や味噌のパッケージに、「遺伝子組換え大豆は使用していません」と書かれていますが、遺伝子組換え食品は、本当に健康に良くない影響を与えるのでしょうか？危険か安全かを考える前に、遺伝子組換え食品のメリットを考えてみましょう。

　遺伝子組換え技術によって可能になることは本当に色々とあります。例えば、今までなら耕作不能だった土地（例えば砂漠など）でも育てられる作物を作ることによって食糧不足の問題が解決されます。ご存知のように、アフリカの国々では食糧不足により飢えて死んでいく人たちが多くいます。遺伝子組換え作物の長期摂取が、万が一、多少の危険をはらんでいたとしても、今、餓死するよりかはずっと良いという人はたくさんいるでしょう。

（佐野智弘『牛乳でガンのリスクが下がる!?──知っておきたい健康情報』ゴマ文庫より）

1．遺伝子組換え作物で食糧不足が解決する？
2．遺伝子組換え作物は周りの生物に影響を与える？
3．遺伝子組換え作物は危険性が証明できない
4．遺伝子組換え作物は安全ではない

XI　次の文章を読んで後の問いに答えなさい。

　　留学生のカラオケ熱は大変なものです。マイクを持ったら話さない学生が多く、日頃
の日本語の勉強に疲れた学生も、この時ばかりは、マイク片手にコブシを効かせ、伴奏
にのって実に見事なノドを聞かせてくれます。音楽は語学教育に多大な効果をもたらす
といわれていますが、そのことは留学生のカラオケの様子からもうかがえます。私も英
語を勉強するかたわら、好きな英語の曲を聴き、メロディーラインを覚えると同時に歌
詞も暗記して、テープについて何度も何度も繰り返し練習したものでした。音楽を通し
て外国語を勉強することは、楽しくまた知らない間に<u>その発音</u>やイントネーションを身
につけることができるのが魅力です。

（西蔭浩子『日本語教室の窓から』研究社出版より）

問1　この文章の題として、最も適当なものはどれですか。　　　　　　　　11

　1．私の英語学習法
　2．音楽と語学教育
　3．カラオケで学ぶ英語
　4．カラオケで学ぶ日本語

問2　下線部「その発音」が指しているものはどれですか。　　　　　　　　12

　1．留学生のカラオケの発音
　2．好きな外国語の曲の発音
　3．きれいな日本語の発音
　4．好きな英語の曲の発音

XII　次の文章を読んで後の問いに答えなさい。

　　マダニによって重い病気に悩まされる人が増えている。マダニは本来、人の生活の中にはいないものであったが、イタチやタヌキなどの野生動物が町に下りてくるようになってから生活の中に見られるようになった。マダニに噛（か）まれても痛みを感じないが、最悪の場合、死に至（いた）る可能性もあるため十分に注意をしなければならない。まず、マダニに噛まれないために、外で活動する際には長袖・長ズボンを着用する。（　Ａ　）、野良猫や野生動物に触ってはいけない。触った場合は、家に帰ってからすぐに風呂に入ることが大切である。万が一、マダニに噛（か）まれていることに気がついても、マダニを潰（つぶ）したりしてはいけない。マダニの口を通して、さまざまなものが体の中に入ってしまい、病気に感染することがあるからだ。

問1　（　Ａ　）に入るものとして最も適当なものはどれですか。　　　　　　13

1．さらに
2．そのうえ
3．そのため
4．また

問2　次の文章の内容と合っているものはどれですか。　　　　　　　　　　14

1．マダニがついているため、家の猫に触ってはいけない。
2．マダニは昔から人々とともに生活をしていた。
3．マダニが体についていたら、すぐに素手でとる。
4．マダニの体の中には病原菌がある。

XIII　次の文章を読んで後の問いに答えなさい。

　　小さい頃、私は阪急電車が好きだった。
　　阪急電車は、京都、大阪、神戸を中心に結ぶ*大手*私鉄である。父の仕事のため、小学校四年生の時に、私は東京から京都へ引っ越した。今からおよそ 30 年前のことになるが、その時、阪急電車にはすでに自動改札機が導入されており、裏が茶色い切符は子供心にとても*斬新で、それを持つと幸せな気分になった。ドームの形をした梅田駅に入る時も、まるできれいなお城に入って行くように感じた。
　　現在はなくなったが、全ての席が優先されるべきであるとする視点からの優先席の廃止、料金があとで自分の預金口座から引き落とされるカード（ピタパカード）の導入など、阪急電車は私鉄のリーダー役として常に最新の話題を提供し続けている。東京からの転校生ということで京都ではよくいじめられたものだが、そんな時、私の心の支えになってくれたのは、ちょっとおいしそうでやさしい感じのする*マルーン色の阪急電車だったのである。

*大手：同じ分野の会社の中でより大きい会社
*私鉄：国ではなく民間の会社が経営する鉄道
*斬新：きわめて新しいこと
*マルーン色：栗色、濃い茶色

問1　筆者はなぜ下線部の「私鉄のリーダー役」と言っていますか。　　　15

1．京都、大阪、神戸の中心にある私鉄だから
2．他の私鉄にはないものを早く導入しているから
3．東京から神戸へ引っ越してきた私鉄だから
4．最も古い私鉄だから

問2　この文章で筆者が最も言いたいことはどれですか。　　　16

1．阪急電車では今から 30 年前に自動改札機が導入されていたこと
2．阪急電車では優先席が廃止されていること
3．阪急電車は後払い方式で最新のカードが導入されていること
4．阪急電車は京都にいた時の自分になくてはならないものであったこと

XIV　次の文章を読んで後の問いに答えなさい。

　モライアさんは日本語を学び始めてから今年で5年になる。流暢な日本語を操るモライアさんだが、実は最近まで日本語はあまり得意ではなかったらしい。そんなモライアさんが日本語を話すことが怖くなくなったのは、近所の小学校の国語教育授業の一環で外国人講師として招かれた経験からだった。

　「以前は日本語で話しかけられると、その答えを英語で考えて、それを日本語に訳しながら考えていました。だから、どうしても会話のテンポが遅くなっていたんです。でも、小学校の子供はおかまいなしに、どんどん質問をしてくるし、話すスピードも本当に速いのです。いつの間にか、それにつられて私も（　A　）。」

　モライアさんは、その後たびたび、その小学校に遊びに行くようになったそうだ。今のモライアさんの目標は日本語教師になることである。

　「高校生の頃から日本語や日本文化に興味がありましたから、留学して実際に日本で生活しているうちに、日本がますます好きになってきました。ぜひ、母国イギリスで日本語を教えながら、日本のよいところを沢山紹介したいと思っています。この留学経験を十分に生かしたいですね」

問1　（　A　）に入るものとして最も適当なものはどれですか。　　　17

1．会話のテンポが遅くなったのです
2．日本語がすらすらと出てくるようになったのです
3．質問ができるようになったのです
4．早く日本語に訳せるようになったのです

問2　次の文章の内容と合っているものはどれですか。　　　18

1．モライアさんは日本に来てから5年になった。
2．モライアさんは話すことより書くことのほうが得意である。
3．モライアさんは近くの小学校の授業に招待された。
4．モライアさんは日本語教師の資格を生かしている。

XV　次の文章を読んで後の問いに答えなさい。

　　私は東京で生まれ育った。小学生のときの遊び場は新宿駅の周辺だった。日本最大の盛り場である。デパートの玩具売り場に並べてあるおもちゃをいじったり、地下道を走り回ったり、ちょっとお小遣いのあるときには映画を見たりした。この繁華街こそが私のふるさとである。

　　ふるさとというと、一般には、小川が流れ、近くの小高い山には林があるという、のどかな田舎の風景が思い描かれるようだ。（　Ａ　）、東京のど真ん中で生まれ育った者にとっては、ビルが立ち並び、人や車がせわしなく行き交う大通りこそがふるさとなのである。

　　人工的な環境の中で過ごしてきたので、私は虫や花の名前をよく知らない。それはさびしいですね、と同情されることもあるが、自分ではさびしいと思ったことはない。どんな所であれ、幼いときに遊んだ場所はかけがえのないふるさとなのである。

問1　（　Ａ　）に入るものとして最も適当なものはどれですか。　　19

1．しかし
2．つまり
3．でも
4．ところで

問2　文章の中で、ふるさとについて何と述べていますか。　　20

1．人工的な都市環境が一般的なふるさとと言うことができる。
2．小川や林があってこそ、本当のふるさとと言うことができる。
3．人工的な大都市でも、子供の頃の思い出の場所はふるさとである。
4．自分ではさびしいと思ったことがないところなら、それはふるさとである。

ⅩⅥ　次の文章を読んで後の問いに答えなさい。

　　ＡとＢという二人の演奏家が同じ曲を弾いたとする。二人が弾いた同じ曲を聴くことは誰でも簡単にできるが、その違いを説明しようとすると詳細な聴く力が必要になる。同じように学校や会社のある場面で二人が同じ経験をした場合でも、細かい所は違いがさまざまに出る。この違いがその人自身を形作るものになる。

　　十人十色ということばは、通常は十人いれば十通りの考え方があるとされているが、これはまた（　　Ａ　　）、ということである。この差は恐らく論理的に説明するのが難しいものである。その感じ方の違いを理解し、自らの感受性を鋭くするためには、初めのクラシック音楽の例のように、二人の演奏家が同じ曲を演奏するのを聴き比べるのは、身近で有効な方法と思われるが、どうだろうか。

問１　（　　Ａ　　）に入るものとして、最も適当なものはどれですか。　　21

１．何か同じ経験をした場合でも、経験したものの見え方、感じ方は十通りになる
２．何か同じ経験をした場合でも、経験したものの見え方、感じ方が変わることは驚きである
３．何か同じ経験をした場合でも、経験したものの見え方、感じ方が変わらないことは驚きである
４．何か同じ経験をした場合でも、経験したものの見え方、感じ方は変わらない

問２　何を指して下線部の「どうだろうか」と言っていますか。　　22

１．二人の演奏家が同じ曲を弾くことで競い合い、成長していくこと
２．二人の演奏家が一つの曲をそれぞれに演奏するのを聴くこと
３．人によって異なる演奏のし方について、その違いを論理的に説明すること
４．演奏を聴くために、詳細に聴く力が必要になること

XⅧ　次の文章を読んで後の問いに答えなさい。

　西欧において日本の文化を美術作品や生活に取り入れて行こうとした流れをジャポニズムという。19世紀後半から日本の美術工芸品が西欧に渡った。それらは、これまでの西欧の美術では見られない作品ばかりで、一部の美術家たちの間でちょっとしたブームとなった。

　一方、19世紀中頃から裕福な市民が増え、自分たちの家を装飾したいと望むようになってきた。（　Ａ　）、王侯貴族や宗教者が好んだ当時の芸術は、市民にとっては重厚で難解すぎたのに加え、あまりにも高価だった。だからといって、大量に生産された工業製品では、質が悪く、おもしろみがない。

　そこで、市民たちが目をつけたのが、当時、流通し始めていた日本の美術工芸品であった。江戸の町人文化から生まれた品々は、珍しいとともに親しみやすく、一つずつ丁寧に作られている。しかも手頃な値段とあって、皆が飛びついた。そうして、ジャポニズムは市民が楽しむ装飾としても広がった。

問1　ジャポニズムが流行った理由として正しいものはどれですか。　　23

1．王や貴族が好んだから
2．西欧の美術作品よりも安く買うことができたから
3．大量に生産されるようになったから
4．美術家たちが市民に広めたから

問2　（　Ａ　）に入るものとして最も適当なものはどれですか。　　24

1．したがって
2．一方
3．ところが
4．なぜなら

問3　この文章の内容と合っているものはどれですか。　　25

1．王が好んだ芸術は大量生産されたものだった。
2．日本が西欧の芸術の影響を受けた。
3．西欧の市民は重厚で難解な芸術を好んだ。
4．西欧の芸術家は、それまで日本の芸術をよく知らなかった。

聴読解問題

1番

　男の人が自分の名前について説明しています。男の人の名前の正しい漢字はどれですか。

1.

五　嶋　秀　郷

2.

五　島　秀　里

3.

五　島　秀　郷

4.

後　島　秀　里

解答　① ② ③ ④

2番

　男の人と女の人が、遊園地の案内を見ながら、遊ぶ場所の順番について話しています。
正しい順番はどれですか。

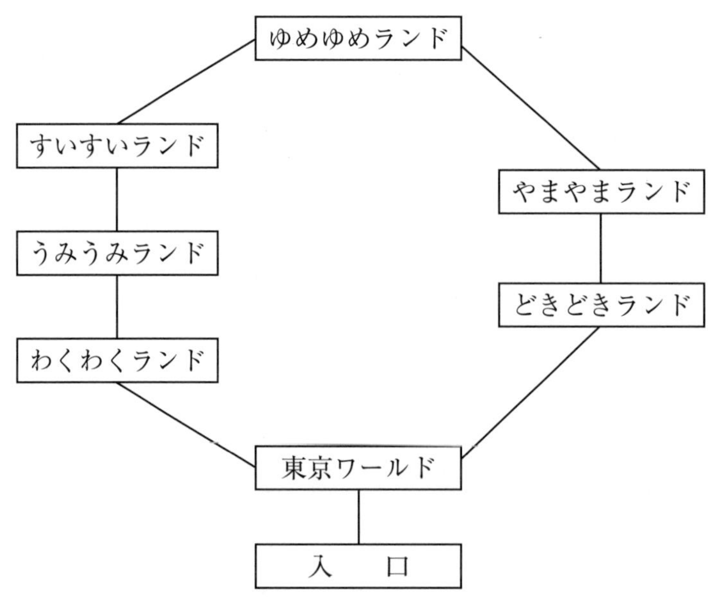

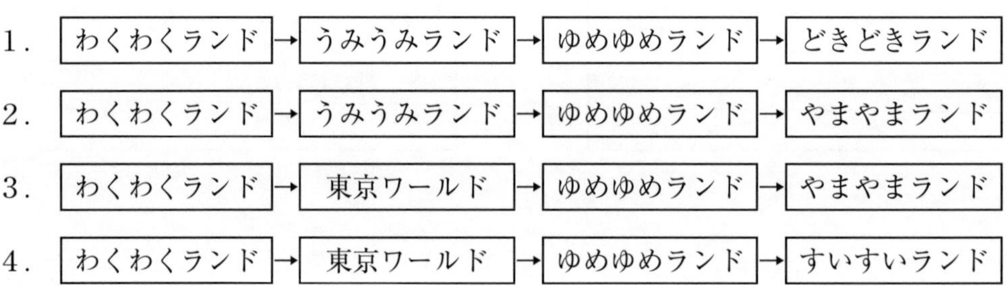

解答　① ② ③ ④

116

補　充　注　文　カ
貴店名（帖合）
定価　1980円 税10%
発行所名　Jリサーチ出版
著者　片桐史尚　他
書　名　日本留学試験　日本語　総合対策問題集
定価1980円（本体1800円＋税10%）
注文数
9784863923683
ISBN978-4-86392-368-3
C2081 ¥1800E

3番

二人が時刻表を見ながら話しています。二人はどの新幹線にしましたか。

	こだま 440 号	ひかり 168 号	ひかり 182 号	こだま 490 号
熱海 （あたみ）	21:35	↓	↓	22:05
小田原 （おだわら）	21:46	↓	22:09	22:16
新横浜 （しんよこはま）	22:03	22:09	22:26	22:33
東京 （とうきょう）	22:23	22:26	22:43	22:56

1．こだま 440 号

2．ひかり 168 号

3．ひかり 182 号

4．こだま 490 号

解答　①　②　③　④

4番

　女の人が不動産屋で部屋を探しています。不動産屋の話をメモしていますが、間違って書いたところはどこですか。

－メモ－

1．場所　駅の近く
　　　　　西山2〜3丁目に多くある

2．形態　1DK　2DK
　　　　　バス・トイレ…部屋別に有

3．料金　月6〜7万円ぐらい
　　　　　礼金…なくて可のところが多い
　　　　　敷金…なくて可と必要なところがある

4．その他　二人住まい…不可
　　　　　　ペット　　…不可
　　　　　　ピアノ　　…不可
　　　　　　マンションの場合…管理費が必要になるところがある

解答　① ② ③ ④

5番

男の人と女の人が話しています。二人はどのコンサートに行くことにしましたか。

1.

> モーツァルト／交響曲第39番
> グリーグ／ピアノ協奏曲
> ストラヴィンスキー／バレエ音楽「春の祭典」

2.

> ブラームス／ハンガリー狂詩曲第6番
> ラフマニノフ／ユース・シンフォニー
> チャイコフスキー／ピアノ協奏曲第1番

3.

> グリンカ／序曲「ルスランとリュドミラ」
> マーラー／交響曲第9番

4.

> メンデルスゾーン／序曲「イタリアのハロルド」
> ドビュッシー／交響詩「海」
> ラヴェル／バレエ音楽「ダフニスとクロエ」 第2組曲
> ラヴェル／ボレロ

解答　① ② ③ ④

6番

　テレビ番組でお菓子の作り方を説明しています。説明の内容と合っている正しいものはどれですか。

1. 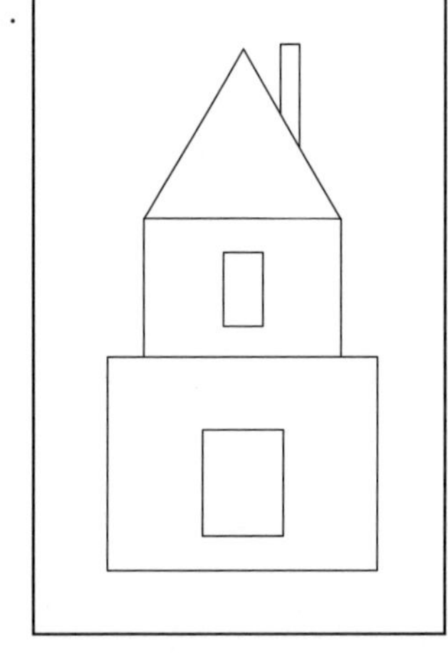

2. 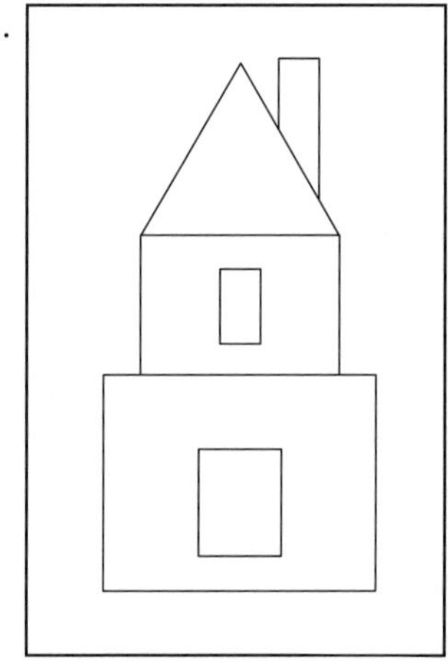

3. 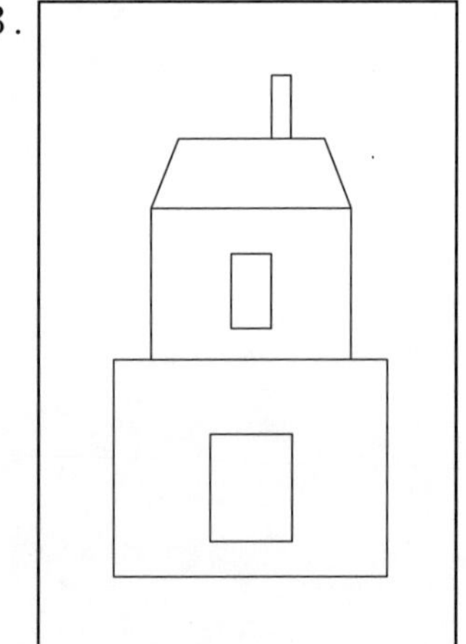

4. 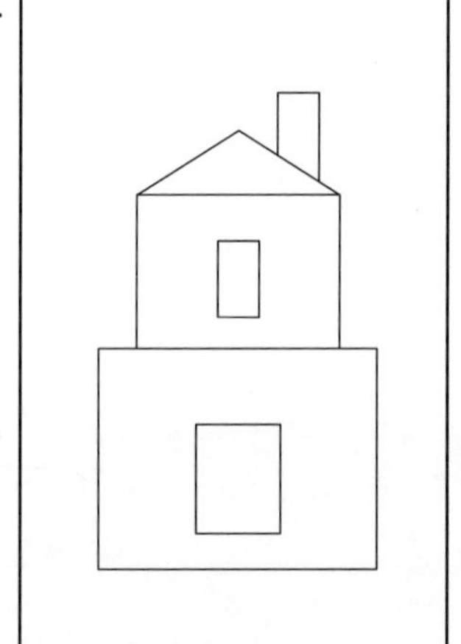

6番

解答　① ② ③ ④

7番

　大学の掲示板を見ながら、男子学生と女子学生が話しています。男子学生はどのアルバイトに応募することにしましたか。

1.

> アルバイト・パート募集
>
> 　（長期希望）
> 　仕事内容／洗い場
> 　時給／ 850 円以上
> 　時間／ 17：00 〜 23：00
> 　応募：電話連絡の上、面接
>
> 　居酒屋　古都
> 　電話：03（3327）1254

2.

> アルバイト・パート募集
>
> 　仕事内容／引越し作業員
> 　時給／ 1,000 〜 1,200 円
> 　時間／ 8：00 〜 20：00
> 　　（短時間でも可）
> 　勤務地／江東区
> 　条件／自動車免許
>
> 　新日本運送株式会社
> 　電話：03（3598）9365

3.

> アルバイト・パート募集
>
> 　仕事内容／本の荷造り
> 　　　　　　宛名書き
> 　時給／ 800 円
> 　時間／ 10：00 〜 18：00
> 　応募／電話連絡の上、面接
>
> 　有限会社　平成出版
> 　電話：03（5855）3279

4.

> アルバイト・パート募集
>
> 　仕事内容／ホテルのロビーでの
> 　ピアノ演奏
> 　時給／ 1,800 円
> 　時間／ 19：00 〜 23：00
> 　　（短時間でも可）
>
> 　喫茶店　ポプラ
> 　電話：03（3298）8191

解答　① ② ③ ④

8番

先生が講義で説明しています。男子学生が間違って書いたところはどこですか。

1．オープンカット工法

  従来から使われている。

  下から上へ積み上げ式に掘る。

  山などの地盤 (じばん) が固いところを掘るのにいい。

2．シールド工法

  現在の地下鉄の工事で一般的な工法。

  まずトンネルの上の部分を掘る。

  都市部などの地盤が軟らかいところを掘るのにいい。

3．エレメント工法

  コンクリート製の箱を水底に沈める。

  箱をつなげてトンネルを作る。

  水底からトンネルまでの深さが分からないところで使われる方法。

4．ケーソン工法

  コンクリート製の箱を水底に沈める。

  エレメント工法と似ている。

  箱の中でトンネル工事の作業をしない点がエレメント工法と異なる。

解答　① ② ③ ④

9番

お客さんと運転手が話しています。タクシーの行き先はどこですか。

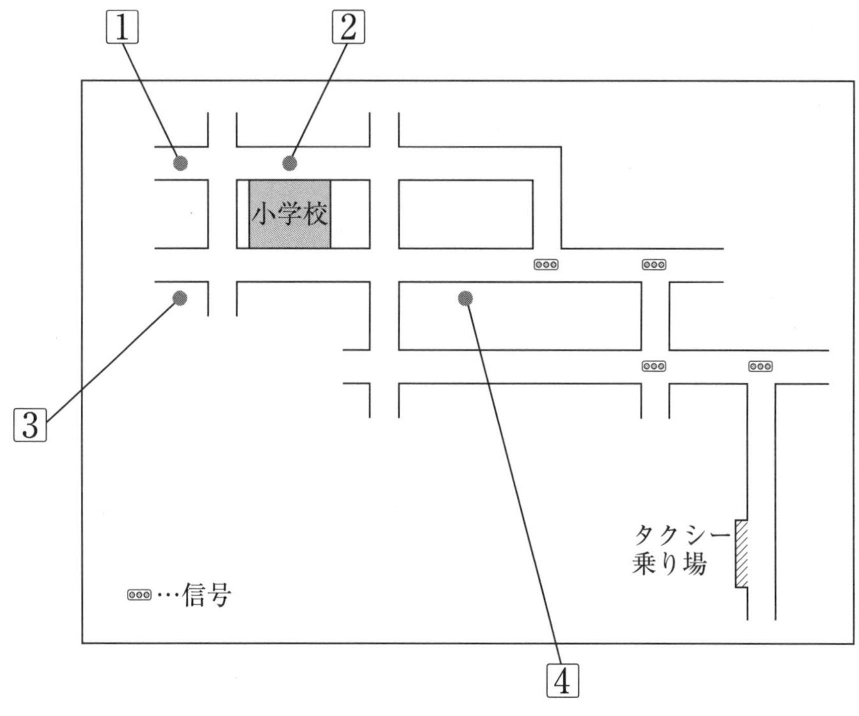

解答　① ② ③ ④

10番

男子学生と女子学生が話しています。女子学生の週末の予定の正しい順番はどれですか。

1.

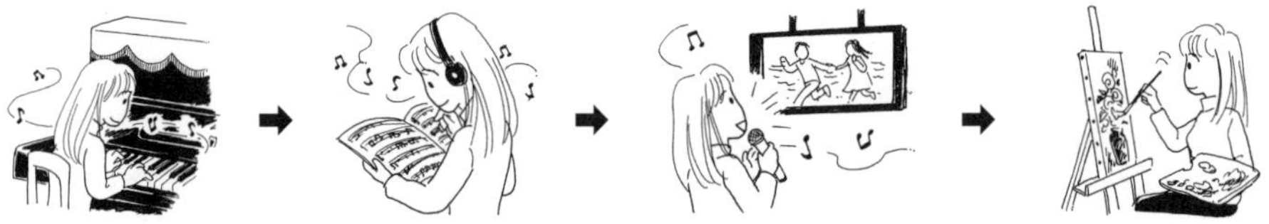

2.

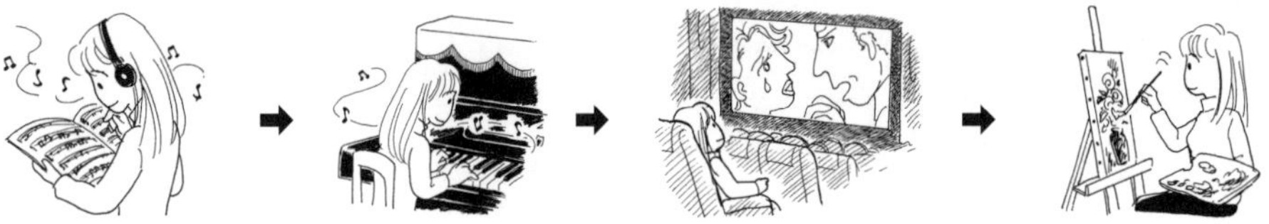

3.

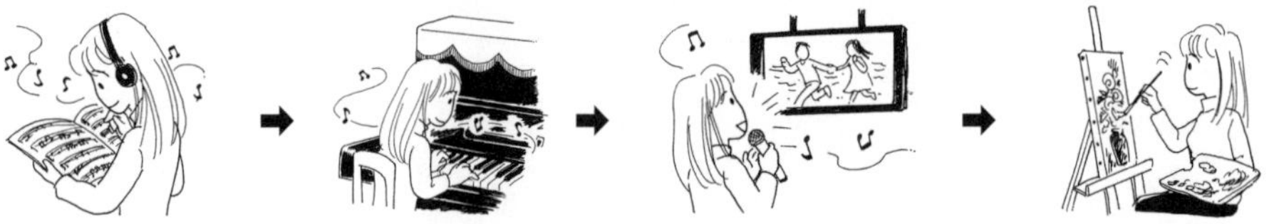

4.

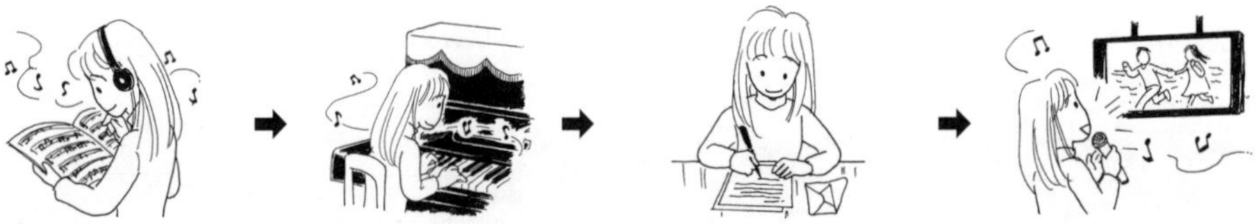

解答　① ② ③ ④

11番

アパートを借りるため、男子学生が女子学生に相談しています。この男子学生はどの
アパートを借りることにしますか。

1.

40,000 円 8畳 駅から 25 分 日当たりよし

2.

70,000 円 6畳 駅すぐそば 北向き

3.

60,000 円 6畳 駅から 10 分 日当たりよし

4.

50,000 円 6畳 駅から 15 分 北向き

解答　① ② ③ ④

12番

男子学生と女子学生が話しています。男子学生はどのクラスを取ることにしましたか。

<table>
<tr><td colspan="5" align="center">ABC カルチャースクール英会話講座のご案内</td></tr>
<tr><td align="center">講座名</td><td align="center">講座クラス</td><td align="center">曜日</td><td align="center">時間</td><td align="center">講師</td></tr>
<tr><td rowspan="14">英会話
平日昼クラス</td><td>入門Ⅰ</td><td>水</td><td>11:00 ～ 12:30</td><td>スミス</td></tr>
<tr><td>入門Ⅱ</td><td>金</td><td>11:00 ～ 12:30</td><td>エルケ</td></tr>
<tr><td rowspan="2">初級</td><td>月</td><td>11:00 ～ 12:30</td><td>スタントン</td></tr>
<tr><td>木</td><td>11:00 ～ 12:30</td><td>タナカ</td></tr>
<tr><td rowspan="2">初級から中級</td><td>火</td><td>11:00 ～ 12:30</td><td>マイヤー</td></tr>
<tr><td>金</td><td>11:00 ～ 12:30</td><td>ベッカー</td></tr>
<tr><td rowspan="2">中級</td><td>月</td><td>13:00 ～ 14:30</td><td>スタントン</td></tr>
<tr><td>木</td><td>13:00 ～ 14:30</td><td>タナカ</td></tr>
<tr><td rowspan="2">中級から上級</td><td>火</td><td>13:00 ～ 14:30</td><td>マイヤー</td></tr>
<tr><td>金</td><td>13:00 ～ 14:30</td><td>ベッカー</td></tr>
<tr><td rowspan="2">上級</td><td>水</td><td>13:00 ～ 14:30</td><td>スミス</td></tr>
<tr><td>金</td><td>13:00 ～ 14:30</td><td>エルケ</td></tr>
<tr><td rowspan="7">英会話
平日夜
土日クラス</td><td>入門Ⅰ</td><td>土</td><td>11:00 ～ 12:30</td><td>モンゴメリー</td></tr>
<tr><td>入門Ⅱ</td><td>金</td><td>18:30 ～ 20:00</td><td>ベッカー</td></tr>
<tr><td>初級</td><td>月</td><td>18:30 ～ 20:00</td><td>スタントン</td></tr>
<tr><td>初級から中級</td><td>木</td><td>18:30 ～ 20:00</td><td>タナカ</td></tr>
<tr><td>中級</td><td>火</td><td>18:30 ～ 20:00</td><td>マイヤー</td></tr>
<tr><td>中級から上級</td><td>水</td><td>18:30 ～ 20:00</td><td>ベッカー</td></tr>
<tr><td>上級</td><td>日</td><td>11:00 ～ 12:30</td><td>モンゴメリー</td></tr>
</table>

1. 月曜日の中級クラス

2. 火曜日の中級クラス

3. 水曜日の中級から上級クラス

4. 木曜日の中級クラス

解答　① ② ③ ④

聴解問題

1 ～ 15番

CD2 TRACK 13～27

◆ メ　モ ◆

●著者

片桐史尚　（明海大学外国語学部日本語学科教授）

岩佐靖夫　（慶應義塾大学日本語・日本文化教育センター非常勤講師、成蹊大学国際教育センター
　　　　　　非常勤講師）

大崎　功　（進和外語アカデミー専任講師）

レイアウト・DTP　　平田文普
カバーデザイン　　花本浩一
本文イラスト　　　白須道子
翻訳　　　　　　　Alex Ko Ransom ／司馬黎／
　　　　　　　　　近藤美佳／ Duong Thi Hoa
編集協力　　　　　高橋尚子

ご意見ご感想は下記の URL までお寄せください。
https://www.jresearch.co.jp/contact/

日本留学試験　日本語 総合対策問題集

平成29年（2017年）　12月10日　初版第1刷発行
令和5年（2023年）　4 月10日　　　第3刷発行

著　者　片桐史尚・岩佐靖夫・大崎功
発行人　福田富与
発行所　有限会社　Ｊリサーチ出版
　　　　〒166-0002　東京都杉並区高円寺北 2-29-14-705
　　　　電話　03(6808)8801(代)　FAX　03(5364)5310
　　　　編集部　03(6808)8806
　　　　https://www.jresearch.co.jp
　　　　twitter 公式アカウント　@ Jresearch_
　　　　https://twitter.com/Jresearch_

印刷所　中央精版印刷株式会社

日本留学試験　日本語　総合対策問題集

PART2　実戦トレーニング編

第1回

●●●●●●● 記述問題 ●●●●●●●

〈解答例〉

　私は大学の科目に「奉仕活動」を加えることには反対です。

　そもそも「奉仕活動」は、誰かを助けたいとか、世の中の役に立ちたいとかといった素直な気持ちから生まれた無償の活動のことで、お金や何かの見返りを期待するものではありません。ところが、活動によって単位という代償を与えるのでは、そうした本来の意味が失われてしまうのではないかと心配されます。

　以前、実に嫌な気分にさせられる新聞記事を読んだことがあります。日本のある海岸の沖で外国船が沈没し、それが原因で大量の原油が海に流れ込んだ時のことです。この話を聞いて、日本全国から多数のボランティアが集まり、現地の人と一緒になって、手作業で原油を取り除く活動が行われました。しかし、その活動が一段落すると、「奉仕料」を要求する人が出てきて、その町の人々を困惑させたというのです。もちろん、その後の人間関係が悪化したことは言うまでもありません。

　「奉仕活動」を科目にすることは、このように、自分の行為に対して代償を求めるという勘違いを招くことになりかねないと思うのです。

（449字）

●●●●●●● 読 解 ●●●●●●●

1番　正解1

◀言葉と表現▶

□着付け：着物の着方

□窮屈（な）：tight; cramped ／无聊／ Chật chội, tù túng

□羽織る：上から軽く掛けるようにして着る。袖を通さないで着る。

□まとも（な）：proper ／最／ Tử tế

☞着物を着るために着付け教室で習った知識は無駄になっている。

2番　正解1

◀言葉と表現▶

□貧血：anemia ／贫血／ Thiếu máu

●●●●●●● 聴読解 ●●●●●●●

1番　正解1 

女子学生と男子学生がアルバイトについて話しています。女子学生はどのアルバイトをしようと思っていますか。

男子学生：今のアルバイト、時給はかなりいいんでしょ？

女子学生：そんなことないの。不景気で、お客さんが減っているの。今まで週に2回、入っていたのに、来月から週に1回だけになってしまったの。でも、続けるけどね。

男子学生：それは大変だ。で、もう１日分はどうするの？

女子学生：それを今、考えているんじゃない。昼間のアルバイトで時給のいいところ。今年はゼミだけだから。

男子学生：へえ。じゃ、これなんか、どう？

女子学生：水曜日か……。その日はゼミがあるから。それに準備も大変だしね。

男子学生：じゃ、これは？

女子学生：うーん……それか。大丈夫そうね。でも、時給がね。

男子学生：まったく、わがままなんだから。じゃ、これは？

女子学生：いいわね、それなら。これにしよっと。

◀言葉と表現▶

□時給：１時間あたりの給料。　※主にアルバイトやパートの場合に使われる。

□不景気：(economic) depression／不景気／tình hình kinh tế xấu

☞女子学生は時給のいいアルバイトを希望している。

2番　正解3　　

女の人と男の人が台風について話しています。二人が見ている予想図はどれですか。

女性：台風が来るんだって？

男性：うん、大型みたい。これが進路予想図。

女性：東京がすっぽり入っているじゃな

い。あさっては大嵐ね。せっかく野外コンサートがあるのになあ。もう、チケット買っちゃったんだ。

男性：コンサートって、あさってなの？

女性：うん、18日、夜7時から。

男性：台風が早く通り過ぎてくれればいいんだけどね。

女性：そんなにうまくいかないだろうなあ。

◀言葉と表現▶

□進路：進む方向、道。

□野外：①野原、郊外。　②建物の外。
〈例〉野外活動、野外学習

☞18日に東京に来ているのは3番のみ。

●●●●●●●●●●　聴解　●●●●●●●●●●

1番　正解3　　

男子学生と女子学生が話しています。男子学生が心配していることは何ですか。

男子学生：この前、先生をちょっと怒らせたみたいなんだけど、どうしよう。

女子学生：どうしたの？

男子学生：講義の内容が知っていることが多くてね。それで、ちょっと退屈そうな顔をしてたら、にらまれちゃって。難しい性格の人だということは分かってたんだけど、論文の指導をしてくれなくなるとね……。

女子学生：授業中はすみませんでしたって、謝りに行けば？

男子学生：うん……。そうなんだけど、突然行くのも何だか行きにくくて

「……。何かいい方法はないか、考えてみるよ。」

男子学生が心配していることは何ですか。

1　先生の講義に新しく学ぶものが少ないこと

2　先生が難しい性格の人であること

3　先生が論文の指導をしてくれなくなること

4　先生に謝りに行くいい方法が見つからないこと

◀言葉と表現▶

□にらまれる：自分の行動や態度が好ましくないと思われて、注意や警告の目を向けられること。

☞男子学生が最後に言っている「何かいい方法」とは、論文の指導をしてくれる方法である。

2番　正解2  CD1 TRACK 8

男の人が話しています。話の内容と合っているものはどれですか。

最近、学生がクレジットカードを持つのはよくないという話を耳にしますが、私は必ずしもそう思いません。確かに、カードは、使い過ぎる危険や、失くしたり不正に使われたりするおそれがあるかもしれません。しかし、きちんと自分なりのルールを作って使えば、これほど便利なものはないと思います。お金があまりないときに、カードのおかげで私はたくさんの「幸せ」を手に入れられました。全ての人がカードを持って使えばいい

と言っているのではありません。ただ、今の学生は、私の学生時代よりお金が大切だという感覚をしっかり身につけている人が多いですから、そういう学生はむしろ、カードを持っても全くかまわないと思うのです。そうして、なるべく学生時代のうちに、できることはやっておくのがいいのではないでしょうか。

話の内容と合っているものはどれですか。

1　学生がカードを持つことはよくない。

2　学生がカードを持つことは悪くない。

3　カードを持つと本当の幸せが得られなくなる。

4　自分は学生時代にカードを持っていなかった。

◀言葉と表現▶

□耳にする：聞く。

□必ずしもそう思わない：必ずそうだとは思わない

□不正：unfairness／不正当的／bất chính

□〜のおかげ：thanks to〜／托〜的福／nhờ có〜

□感覚：feeling／感覚／cảm giác

☞男の人はクレジットカードを持つことに賛成している。

第2回

●●●●●●●● 記述問題 ●●●●●●●●

〈解答例〉

例えば日本語と中国語の場合、直接の

日本語訳がない中国語や、逆に、直接の中国語訳がない日本語があります。このような言葉は、その国の人々の生活や文化と深くかかわり、単に教科書で学習したり辞書で調べたりするだけで簡単に習得できるものではありません。やはり長い時間の中で身についていくものです。言葉は、水や空気のように、そこに自然に存在するものではなく、社会生活の中で意識的に形成されるものだと思います。小さい時にバランスの取れた食事をすることが、大人になってからも体の基礎になるように、小さい時に自分の国の言葉をしっかり学ぶことが、その後の人生がより充実したものになるために欠かせません。

小さい時に二つ以上の言葉を学習したから、人生が二倍豊かになるというものではありません。むしろ、自分の国の言葉の習得が十分でなくなるおそれがあります。そうなると、自分の国の言葉で形成される自分自身の存在を損なうことにもなりかねません。

まずは、人間形成の基礎となる一つの言葉をしっかり身につけるべきだと思います。

(445字)

●●●●●●●●● 読解 ●●●●●●●●●

1番　正解3

◀言葉と表現▶

□分解（する）：(to) disassemble ／分解／ Phân giải

□外見：appearance ／外观／ Ngoại hình, bề ngoài

□物差し：ruler ／标准／ Thước đo

□基準：standard ／基准／ Tiêu chuẩn

□周期：period ／周期／ Chu kì

□巡って来る：（いろいろ経て、最後に）自分のところに来る。

□糖尿病：diabetes ／糖尿病／ Bệnh tiểu đường

□肥満：太ること。

☞服をたくさん着ることが美しいとは書かれていない。

2番　正解3

◀言葉と表現▶

□関連（する）：それらの間に何かの関係があること。

□実感（する）：(to) feel ／实际感受／ Cảm nhận rõ

☞「ふゆ」はいらなくなるのではないか、と書かれてある筆者の気持ちに注意する。

●●●●●●●●● 聴読解 ●●●●●●●●●

1番　正解2  TRACK 9

留守番電話を聞いてメモをとりました。正しいものはどれですか。

こんにちは。田中ですけど、ご無沙汰しております。実は再来週から出張があって、沖縄に伺うことになりました。もし、お時間がありましたら、お食事でもと思い、ご連絡を差し上げた次第です。再来週の金曜日から月曜日までで、4日から7日ということになります。3泊4日の予定ですが、宿泊はロイヤルホテルです。電話番号は02-0677-4612です。時間があまりなくても何とかお会いしたいので、ご連絡くださいますようお願いいたします。

◀言葉と表現▶

□差し上げる：to give ／"给"的敬语／biểu

☞曜日、ホテル名、電話番号が正しいのは2番。

2番　正解4  CD1 TRACK 10

男子学生と女子学生が、学園祭の説明会に誰が出席するべきか、相談しています。この二人のサークルは、出席について、どうすることにしましたか。

男子学生：うちのサークル、学園祭に参加するでしょ？

女子学生：うん、あたしが部長だから出なくちゃならないんだけど、その日はバイトの家庭教師があるんだ。教えてる子が試験の前なんで、休めないのよね。

男子学生：だったら、誰か代理を出せばいいよ。だけど、ぼくもその日は都合が悪くて。歯医者に行かなくちゃならないんだ。

女子学生：うーん……。じゃ、山田君に頼もうか。

男子学生：あいつも木曜の夕方はなんかあるみたいだよ。

女子学生：どうしようかな。やっぱり欠席届を出すしかないかなあ。

男子学生：説明会まではまだ間があるか

ら、明日の練習でみんな集まった時に、誰か出られる人がいないか、聞いてみたら？

◀言葉と表現▶

□サークル：趣味の活動をするグループ。

□届／届け：report; notification ／收到／đơn

☞どの人も都合が悪いため、最後に「ほかに出られる人がいないか聞いてみたら」と言っている。

●●●●●●●●● 聴解 ●●●●●●●●●

1番　正解4  CD1 TRACK 11

教室で先生が講義の説明をしています。先生の説明の内容と合っているものはどれですか。

えー、この日本語演習Ⅱという授業は、日本語の聞く力をつけることを中心に行う授業ですから、CDやDVDを使って行います。教科書は使いません。毎回、プリントを配布します。成績の付け方ですが、出席が20％、学習姿勢などの平常点が10％、講義期間中に2回の小テストを行いますが、この小テストがそれぞれ10％ずつの20％、最後の学期末テストが50％、の合計100％です。

小テストは5月と6月の終わりの週に行います。実施する前の週に教室で連絡しますから、休まないようにしてください。また、期末テストは、授業で使ったプリントは持ち込み可の予定です。何か質問はありませんか。

1　日本語演習Ⅱの授業では教科書を使う。

2　小テストはいつごろ行われるか、まだわからない。

3　出席と平常点は、この授業の成績の半分を占める。

4　期末テストは、この授業の成績の半分を占める。

☞出席は20％、平常点は10％で、2つの合計は50％にならないことがポイント。

2番　正解3 

男子学生と女子学生が話しています。女子学生は何が一番必要だと言っていますか。

男子学生：最近、いじめの問題がよくニュースになっているよね。

女子学生：うん。

男子学生：僕が中学校の頃は、いじめがない学校だったから、学校が和やかで楽しかったね。男女の仲もとても良かったし、今でも連絡のある人もいるよ。

女子学生：私は女子校だったけど、結構いじめがあったよ。そういう人はたいてい行き場がなくて、学校が終わってから、相談に乗ったこともよくあった。

男子学生：いじめをなくすには、どうすればいいのかなあ。

女子学生：ニュースでは、いじめられている生徒に指導が必要だ、なんてよく言っているけど、違うと思う。確かに、いじめられている生徒が気持ちを強く持つことは必要だけど、いじめは悪いことなんだから、いじめている生徒にいじめがどんなに悪いことで、やってはいけないことか、教えることがまず必要だって思う。

男子学生：なるほどね。いじめなんて、やっても何も得られないからね。

女子学生は何が一番必要だと言っていますか。

1　いじめられている生徒の相談に乗ってあげること

2　いじめられている生徒が気持ちを強く持つこと

3　いじめている生徒にいじめが悪いことを教えること

4　いじめている生徒にいじめのむなしさを感じさせること

◀言葉と表現▶

□和やか（な）：gentle／和平的／ôn hoà, hoà thuận

□行き場がない：自分に合った場所、自分が落ち着ける場所がない。

□〜なんて：発言内容や何かの言葉などを引用する表現。軽く扱う調子や否定的な気持ちを含む。

第3回

●●●●●●● 記述問題 ●●●●●●●

〈解答例〉

癖は、他人から見て確かに不快に思われるときがありますが、だからと言って、直接他人に迷惑を及ぼしたり、害を与えたりするものでもないと思います。人は皆、何かしらの癖がありますから、なくさなければならないものと考えるよりは、あって当然のものと考えるほうが自然だと思います。

また、癖には人間味が感じられます。相手の癖とともに人柄がわかり、同時に、自分の癖や性格も相手にわかってもらうことで、お互いを理解し合うことにもなるでしょう。逆に、癖をなくすべきもの、人に見せないもの、とすることは、人との関係にちょっと距離ができてしまうように感じられます。

癖は、いい癖も悪い癖も、その人の個性をよく表しているので、その人の性格の一端を見ることができます。つまり、癖があってこそ、その人だ、と言える部分があると思うのです。お互いが個性を認め合いながら良い人間関係をつくっていく上で、たいていの癖は肯定的にとらえるべきで、直さなくていいと考えます。

（413字）

●●●●●●●●●●　読　解　●●●●●●●●●●

1番　正解3

◀言葉と表現▶

□順調に：favorably ／順利／ Thuận lợi, suôn sẻ

□支社：branch office ／分公司／ Công ty chi nhánh

□出産（する）：(to) birth ／分娩／ Sinh con

□節目：turning point ／里程碑／ Đốt (của cây, cây tre), điểm bước ngoặt, điểm mốc quan trọng

□充実（する）：(to be) filled ／充実／ Đủ đầy, trọn vẹn, sung túc

□単身：一人。一人であること。

□赴任（する）：(to) move to a new job ／赴任／ Đi làm xa

□引き継ぎ：hand over ／継続／ Tiếp nối, tiếp quản

□折：機会。その時。

☞夫の転勤が決まったが、夫を新たな勤務先に一人で行かせられないという妻の気持ちに注意する。

2番　正解4

◀言葉と表現▶

□根底：物事や考え方のもとになっているところ。

□分析（する）：(to) analyze ／分析／ Phân tích

☞2段落目の結論を読み取るようにする。

●●●●●●●●●●　聴　読　解　●●●●●●●●●●

1番　正解4

男子学生と女子学生がメモを見ながら話しています。二人が行く美術展はどれですか。

男子学生：今度の日曜日は何か予定ある？

女子学生：ううん。特にないけど、どうしたの？

男子学生：実は、美術展に行きたいんだけど、行きたいところがいろいろあって……。

女子学生：私も行くよ。久しぶりに絵を見たいと思ってたし。西洋の美術展をやってるところがいいな。

男子学生：うん。でも、今回はそういうのじゃなくて。

女子学生：えっ。何を見たいの？

男子学生：最近は日本の絵にも興味があってね。

女子学生：へえ。じゃあ、これかな？

男子学生：うん。そう、それ。……でも、やっぱり西洋の絵も見たいなあ。

女子学生：それなら、これにしたら？

男子学生：ああ、そうだね。これならいいかも。

◀言葉と表現▶

□美術展：絵の展覧会。

「北斎」は日本の画家、「ドガ」は西洋の画家。そのどちらもあるため。

2番　正解2　CD1 TRACK 14

二人の学生が時刻表を見ながら話しています。二人はどの電車に乗りますか。

女子学生：ねえ、来月のゼミ合宿の新幹線、どれにする？

男子学生：そうだねえ。お昼は12時半から教授がお得意の京都のお店で食べるってことだから、京都駅に1時間前までに着ければいいんじゃないかな。

女子学生：そうすると、これはどう？ちょっと朝早いけど、みんな、東京、品川、新横浜の3つの駅から乗って来られるし、京都にも11時半前に着けるし。

男子学生：でも、あとののぞみに比べると、時間がかかるなあ。これ、途中で抜かれるんだね。

女子学生：あ、ほんとだ。でも、こっちののぞみは新横浜に止まらないし、こっちは東京駅が始発じゃないのね。

男子学生：まあ、そんなに早く京都に着かなくてもいいんじゃないかなあ。こっちにしない？

女子学生：そうね。そうしましょう。

◀言葉と表現▶

□合宿（する）：(to) lodge together ／集训／ trại huấn luyện

□のぞみ：新幹線の列車の名前の一つ。「ひかり」より目的地に早く着く。

□抜く：overtake ／抜、抽出／ vượt qua

男子学生は、京都にそんなに早く着かなくてもいいと言っている。

●●●●●●●●●● 聴解 ●●●●●●●●●●

1番　正解1　CD1 TRACK 15

教室で先生が講義の説明をしています。先生の説明の内容と合っているものはどれですか。

身振りや手振りなど、言葉を使わない動作が何かを明確に意味する行動のことをエンブレムと言います。例えば、若い人が人差し指と中指でVの字を作るのがいい意味を表すものです。これに対して、言葉を使わない行動のすべてをノンバーバル・コミュニケーションと言います。これは、笑う、泣く、怒る、喜ぶ、などの顔の表情に関したものが代表的なものです。

エンブレムは、例えば、自分を示す場合、日本では人差し指で鼻を指しますが、韓国ではよく手の平を胸に当てます。また、頭をかくという動作は、日本と韓国では、「照れる」という意味がありますが、中国では、「それは困る」という意味が含まれることがあります。

顔に表れるノンバーバル・コミュニケーションの意味は、各国とも大体同じであるであると言われますが、エンブレムは国や文化によって異なり、その違いを研究することは、異文化コミュニケーションに興味がある人にとって、面白い視点を与えてくれることになるでしょう。

先生の説明の内容と合っているものはどれですか。

1　エンブレムとは、言葉を使わない動作が何かを明確に意味する行動のことである。

2　ノンバーバル・コミュニケーションとは、言葉を使う動作が含まれることがある。

3　笑う、泣く、怒る、喜ぶ、などの顔の表情の違いは、それぞれの国で意味の違いが大きい。

4　エンブレムとノンバーバル・コミュニケーションは全く同じものである。

◀**言葉と表現**▶

□人差し指：index finger ／食指／ngón tay trỏ

□中指：middle finger ／中指／ngón tay giữa

□手の平：手を開いたときの内側（の全体）。

□かく：scratch ／撓／gãi

□照れる：恥ずかしがる。

□視点：viewpoint ／視点／tầm nhìn

☞エンブレムとは、初めに言葉を使わない動作が何かを明確に表す行動であると言っている。

2番　正解4 

女の人が病院に電話をかけています。女の人は病院でどうしますか。

病　院：はい、東山大学病院です。

女の人：もしもし、ちょっとお伺いします。初めてお伺いするものなんですが、そのまま行っても大丈夫ですか。

病　院：はい、保険証をお持ちの上、そのままお越しください。何科を受けられますか。

女の人：眼科です。

病　院：1階は総合案内と、内科と外科の受付になりますので、1階の正面玄関を入って突き当たりのエレベーターで直接3階にお越しください。右手に眼科の窓口がありますから、前にある番号機から番号札をお取りになって、窓口に保険証を出してお待ちください。3階にも案内所がありますが、そこに

女の人は病院でどうしますか。

1　1階の総合受付に行って、それから3階にある眼科窓口に行く。

2　1階の総合受付に行って、それから3階にある案内所に行く。

3　3階にある案内所に行って、それから同じ階の眼科窓口に行く。

4　3階にある眼科窓口に直接行く。

◀**言葉と表現**▶

□保険証：insurance card ／保険证／ thẻ bảo hiểm

□お越しください：「来てください」の尊敬語。

□総合：comprehensive ／综合／ tổng hợp

□内科：internal medicine ／内科／ nội khoa

□外科：surgery ／外科／ ngoại khoa

□突き当り：end of a path ／尽头／ cuối (đường)

□眼科：ophthalmology ／眼科／ khoa mắt

□番号札：number tag ／叫号牌／ thẻ ghi số thứ tự

✍眼科を受診する人は1階の受付に行く必要がない。

第4回

●●●●●●●● **記述問題** ●●●●●●●●

〈解答例〉

　たばこは嗜好品であり、時と場合によっては、ほかの人に著しく迷惑を及ぼします。喫煙が問題になるのは、マナーを無視して喫煙する場合が多いからだと思います。たばこを吸わない人の前で吸ったり、子供や女性が多いところで吸ったりする場合です。このような所では、当然、吸うべきではありません。しかし、飛行機の中のように喫煙者だけの空間が保たれている場所では、喫煙は許されてもいいと思います。こうした場所では、他人に迷惑が及ばないように管理されているからです。

　結局は、喫煙の問題は吸う人のマナーの問題だと思いますし、ルールを守るという意識の問題だと思います。喫煙に限らず、飲酒やギャンブルなどの人の嗜好は、行き過ぎれば他人にも自分にもいい影響をもたらしません。そうならないように、決められたルールに従うこと、また、具体的なルールがないところでも、自らマナーを守ること、それが全てだと思います。

　飛行機の中での喫煙も、決められたルールが守られ、その範囲であれば、許されていいと思います。

（433字）

●●●●●●●● **読 解** ●●●●●●●●

1番　正解1

◀言葉と表現▶

□武士：warrior ／武士／ Võ sĩ

□対象：target ／対象／ Đối tượng

□倒す：ここでは「殺す」という意味。

主人公は、自身の形をつくるものといえる槍と兜を貸してしまったことで、いくさに負けている。

2番　正解3

◀言葉と表現▶

□店頭：店の中で、商品が置かれたり、客にサービスがされたりするところ。

□無意識に：unconsciously ／无意识／ Vô thức, một cách vô thức

🖝筆者の主張は袋やシールだけを無駄に使用しないことではない。

●●●●●●●●●● 聴読解 ●●●●●●●●●●

1番　正解1　──── CD1 TRACK 17

男子学生と女子学生が留学生交流会のイベントについて相談しています。留学生交流会のプログラムとして決まったコースはどれですか。

女子学生：今度の留学生交流会のイベント、何をしようか。

男子学生：もうすぐ連休だから、その時、どこか日本的な所に遊びに行くっていうのは？

女子学生：いいわね。じゃ、マリンランドは？

男子学生：あそこは人気があるけど、新しい遊園地だから、あんまり日本的とはいえないんじゃないかな

あ。

女子学生：そうね。じゃ、やっぱり浅草かな。あそこなら、江戸時代からの盛り場だし。男子学生：うん。そこにしようか。学校に集合して、途中で月島に寄って、みんなで食事をして行くのはどう？

女子学生：それだと浅草に着くのが遅くなっちゃうから、帰りに寄ったほうがいいんじゃない？　それなら、あとの時間を気にしないで食事もゆっくりできるだろうし。

男子学生：そうだね。じゃ、月島で食事をして、そこで解散。そのあと、好きな人は自分でそこから秋葉原に行ってもいいしね。

◀言葉と表現▶

□交流（する）：(to) interact ／交流／ giao lưu

□連休：休日が二日以上続くこと。二日以上続く休日。

□盛り場：街の中で、いつも人が集まってにぎやかになる場所。

月島に先に寄ると、浅草に着くのが遅くなると言っている。また、食事をして月島で解散ともある。

2番　正解4　──── CD1 TRACK 18

外国人の学生が大学に電話で問い合わせています。申込書はどのように書けばいいですか。

留学生：すみませんが、合宿所の申し

込みをしたいんですが。

事務職員：では、利用申込書に名前と学籍番号、学部、学科を書いて、申し込みたい合宿所の名前を希望順に二つ書いてください。あなたは留学生ですか。

留学生：はい、そうですが。

事務職員：それでは、氏名の横に国籍を書いておいてください。

留学生：わかりました。ほかにはありますか。

事務職員：どの合宿所にも禁煙ルームがありますので、もし、禁煙の部屋を希望する場合は最後に「禁煙希望」と書いておいてください。

留学生：わかりました。禁煙の部屋で申し込みます。

事務職員：申込書を提出してから5日後に、どの合宿所に泊まれるかがわかります。その日にまた学生課の窓口に来てください。

留学生：はい、わかりました。では、失礼します。

◀言葉と表現▶

□国籍：nationality／国籍／quốc tịch

☞職員の「名前と番号、学部、学科を書いて」という説明→留学生の禁煙の部屋の希望→「最後に『禁煙希望』と書いてください」という流れに注意する。

●●●●●●●●● 聴解 ●●●●●●●●

1番　正解3 ——————  CD1 TRACK 19

教室で先生が話しています。しびれの原因に共通するものは何だと言っていますか。

手先や足先のしびれには、いろいろな原因があります。若い頃を過ぎると、糖尿病などの生活習慣病と呼ばれるものが大きな要因となって、骨が神経を強く押す場合も多くあります。また、それまでの運動のし過ぎで腕や足などを使い過ぎて、その部分にしびれが起こる場合もありますが、こうしたしびれの症状は、いずれも血液の流れがよくないことによって起こります。ですから、手先や足先にしびれが出た場合は、その部分に多少の痛みを感じても、ある程度動かすようにして、血液の循環をよくすることが大切です。

しびれの原因に共通するものは何だと言っていますか。

1　糖尿病などの生活習慣病
2　骨が神経を圧迫すること
3　血液の流れがよくないこと
4　体のある部分を使い過ぎること

◀言葉と表現▶

□しびれ：numbness／麻木／tê

□糖尿病：diabetes／糖尿病／bệnh tiểu đường

□生活習慣病：毎日の生活の中で習慣になっていることが原因になっている病気。

□神経：nerves／神経／thần kinh

□循環（する）：(to) circulate／循環／tuần hoàn

☞いずれも血液の流れがよくないことから起こると言っている。

2番　正解1 

上司と部下が話しています。話の内容で面白いところは何ですか。

上司：佐藤さん、昔の話なんだけどねえ。忘年会が終わって電車に乗っていたら、「次は、かまたー、かまたー」って聞こえたんだよ。ところが、降りたら"たばた"でさ……。

部下：えっ？　ずいぶん遠くまで来ちゃったんですね。終電はあったんですか。

上司：まだ9時過ぎだったから、電車は十分あったんだけどね。

部下：そうですか。

話の内容で面白いところは何ですか。

1　降りる駅を間違えたこと
2　忘年会が終わって電車がたくさんあったこと
3　忘年会をやった場所を忘れていること
4　上司と部下の会話であること

◀言葉と表現▶

□終電：その日の最後の電車。

☞「かまた」と「たばた」の発音が似ていることがポイント。

第5回

●●●●●●●●　記述問題　●●●●●●●●

〈解答例〉

　ペットを飼うことは、毎日の生活を豊かにしてくれることにつながります。飼い主が愛情を持ってペットを飼うことで、人間と親密な関係を持つ存在になり、その結果、家庭がなごやかになると思います。また、ペットを通じて、家族や近所の人たちとの付き合いにいい影響をもたらします。ペットに教えられることもいろいろあると思います。命の尊さや信頼関係の大切さ、相手に優しくする気持ち……。また、ときどき自分のだめなところや反省すべきことにも気づかせてくれます。

　ペットを飼うことに関して最も問題になるのは、飼い主が途中で飼うことをやめて、ペットを捨ててしまうことにあると思います。ペットを捨てることは動物への虐待そのもので、強く非難されるべき行為です。飼い主は、軽い気持ちでペットを飼うのではなく、生き物としてペットに愛情を注ぎ、人間と同じように大切な生き物であるという認識をしっかり持たなければならないと思います。

　飼い主がそうした理解と責任をしっかり持てていれば、豊かな生活を送るために、ペットを飼うことはとてもいいことだと思います。

(455字)

●●●●●●●●　読解　●●●●●●●●

1番　正解4

◀言葉と表現▶

□開業（する）：open business ／开业／Khởi nghiệp, kinh doanh

□所要時間：かかる時間。

□格段に：remarkably ／显著／ Một cách

rõ rệt

新幹線のスピードを速くする目的は達成できていることを読み取る。

2番　正解3

◀言葉と表現▶

□形容動詞：形容詞の意味や機能を持ち、「〜だ」の形をとるもの。な形容詞。

□性質：nature ／性质／ Tính chất

□明示（する）：はっきりわかるように示す。

「好き」、「嫌い」は英語と中国語では動詞になり、同じグループに含まれる。

●●●●●●●● 聴読解 ●●●●●●●●

1番　正解1 ——— CD 1 TRACK 21

男子学生と女子学生がどの授業を取ろうかと話をしています。女子学生が取る授業はどれですか。

男子学生：火曜の3限、何を取る？

女子学生：経済学概論にするつもり。

男子学生：山田先生のか……。あの先生は厳しいからなあ。同じ科目で佐藤先生のが4限にあるから、そっちにしたら？

女子学生：うーん、4限は憲法を取ろうと思ってたんだ。

男子学生：憲法なら来年でもいいじゃない。4限はぼく、そっちにするから、一緒に授業に出ようよ。

女子学生：うん、そうしようか。じゃ、3限

はどうしようかなあ。

男子学生：ぼくは国際関係論のつもり。君もそれにしなよ。

女子学生：それじゃあ、全部同じになっちゃうじゃない。そんなのいやだから、私、別のにする。

◀言葉と表現▶

□〜限：〜period ／第〜节课／课时／ tiết 〜

□概論：outline ／概论／ khái luận

□憲法：constitution ／宪法／ hiến pháp

□論：ある分野やテーマについて意見や考えをまとめたもの。

3限は、男子学生の「一緒に出よう」に、4限は女子学生が「別のにする」と言っていることに注意をする。

2番　正解1 ——— CD 1 TRACK 22

女子学生がパソコンを買おうと思っています。この女子学生はいくら払うことになりますか。

女子学生：新入生は半額だって。今年の新入生はいいよね。去年もこういうの、やってほしかったわ。

男子学生：で、どのモデルにするの？

女子学生：最新のでなくていいんだ。ちょっと古くなったモデルの方が安いし。機能はそんなに変わらないでしょ。

男子学生：支払いはどうするの？

女子学生：いっぺんに全部払っちゃう。

男子学生：お金あるんだね。

女子学生：ううん、そのほうが結局安いじゃない。

男子学生：バッグとかも買うの？

女子学生：うん、あれば便利だからね。

◀言葉と表現▶

□半額：半分の金額。値段や料金が半分になること。

□いっぺんに：一度に。一回で。

☞「ちょっと古くなったモデル」「いっぺんに全部払っちゃう」と言っていることと、バッグを買うことに注意をする。

●●●●●●●●●● 聴　解 ●●●●●●●●●●

1番　正解2 

先生がある曲について説明しています。どうして「ボレロ」という曲が生まれたと言っていますか。

　えー、このラヴェルの作った「ボレロ」という曲は、同じメロディーが何度も繰り返されて一つの曲になるというものですが、この曲を書いた時、ラヴェルにはすでに認知症の症状が見られていたということが、最近の研究で明らかにされたんですね。ラヴェルは生涯結婚せず、几帳面で真面目な人でした。そうした性格も、こうした曲を作り出す一つの要因になっていると思われますが、やはり頭が正常ではない状態で曲を書き続けていたということが、この曲が作られた大きな要因だと思います。曲が完成してから、ラヴェルは「こんなものはパリの音楽学校の誰にでも作れるだろう」と言ったそうですが、言ってしまえば、そのように簡単な曲がラヴェル自身の生涯で最も有名な曲になってしまったのですか

ら、皮肉なものですね。

どうして「ボレロ」という曲が生まれたと言っていますか。

1　作曲者が几帳面で真面目な性格だったから

2　作曲者の健康状態が正常ではなかったから

3　作曲者が生涯結婚しなかったから

4　作曲者が音楽学校の生徒だったから

◀言葉と表現▶

□メロディー：melody ／旋律／ giai điệu

□認知症：頭の働きが低下したり失われたりしていく症状。

□生涯：一生の間。生まれてから死ぬまで。

□几帳面（な）：methodical ／細心、規規矩矩／ ngăn nắp, cẩn thận

□皮肉：sarcastic ／讽刺／ mỉa mai

☞認知症の症状が見られていた、頭が正常ではない状態で曲を書き続けていた、と言っている。

2番　正解1 

先生と学生が話しています。話の内容と合っているものはどれですか。

女子学生：先生、私、昔からそば屋に入ると、「せいろ」「ざる」「もり」「かけ」っていう言葉の違いがよくわからないんですけど……。例えば、「天せいろ」と「天ざる」って同じなんですか。

先　　生：うん。「せいろ」っていうのは、「蒸篭」っていう蒸し器のこと

で、昔はそばをゆでないで、蒸して食べたこともあったので、「せいろ」っていう名前がついたんだ。だから、今では「せいろ」と「ざる」は同じだと言っていいね。

女子学生：じゃあ、「ざる」「もり」「かけ」は同じですか。

先　生：「もり」は、そばを器に盛ることから来た言葉で、基本的には「ざる」と同じ冷たいそばのことだね。「かけ」はそばに汁をかけたことから来た言葉だから、温かいそばのことを言うんだよ。

女子学生：それじゃ、「ざる」と「もり」は同じですね。

先　生：うん。昔は「ざる」の方がいいつゆを使っていたこともあるみたいだけどね。今は「ざる」はのりがついて、「もり」はそばを盛っただけっていう違いがあるだけだね。

女子学生：そうですか。

話の内容と合っているものはどれですか。

1　「もり」は冷たいそばで、「かけ」は温かいそば

2　「もり」は温かいそばで、「かけ」は冷たいそば

3　「ざる」は冷たいそばで、「せいろ」は温かいそば

4　「ざる」は温かいそばで、「せいろ」は冷たいそば

◀言葉と表現▶

□そば：soba (buckwheat noodles) ／荞麦／ mì soba

□ゆでる：boil ／煮／ luộc

□蒸す：steam ／蒸／ hấp

□器：vessel ／器皿／ chén bát,

□盛る：serve; place food ／盛／ xới, đơm

□のり：dried seaweed ／紫菜／ rong biển

「もり」と「かけ」の違いを聴き取ることがポイント。

第6回

●●●●●●● 記述問題 ●●●●●●●

〈解答例〉

　ゲームは元々楽しむために作られたものですから、誰もが楽しめるいいゲームはたくさんあると思います。しかし、今日のゲームは、パソコンやスマホなどを通して、現実世界と異なるさまざまな仮想世界を生み出し、人を叩いたり殴ったりする場面も普通に見られるようになっています。そのような場面は、単に楽しいとか面白いとかだけでなく、特に成長期の健全な精神の育成によくない影響を与える場合があります。

　そのようなゲームは、将棋やトランプなどの考えるゲームと異なり、本来の楽しさとは違う、一時的な快楽を目的にしていると思います。そして、暇さえあればゲームをするという生活によって、頭の中がゲーム漬けの状態になったり、ゲームと現実の世界との区別がつかなくなったりして、ゲームで得た感覚を現実の世

界に持ち込みやすくなるのです。

　ゲームをし続けることは、人生を楽しく充実したものにすることにはならず、一方で、友達をつくる時間や、趣味を充実させる時間を奪ってしまうことになると思います。

(426字)

●●●●●●●●●● 読解 ●●●●●●●●●●

1番　正解3

◀言葉と表現▶

□精妙（な）：非常に細かく、上手であること。

□成し遂げる：accomplish ／完成／ Làm xong, làm được việc gì đó

□愚か（な）：foolish ／愚昧／ Ngu ngốc, ngu xuẩn

□野蛮（な）：barbarous ／野蛮／ Mông muội, vô văn hóa

□理性：reason ／理性／ Lý trí, một cách lý trí

□情念：抑えることができない強い思い。

☞最後に、人間社会には予測不可能なことが起きる、と書かれている。

2番　問1 正解1　問2 正解4

◀言葉と表現▶

□時事：current affairs ／时事／ Sự kiện mang tính thời sự

□正規：regular ／正規／ Chính quy

□雇用者：ここでは「会社などに雇われている人」。逆に、「雇う人」という意味もある。

□軽視（する）：(to) slight ／軽視／ Khinh thường, coi thường, coi nhẹ

□風潮：trend; tendency ／风潮／ Xu hướng thời đại

□流通：distribution; circulation ／流通／ Lưu thông

□業界：同じ産業に関係する人々の社会。〈例〉テレビ業界、自動車業界、旅行業界

□依存（する）：(to) depend on ／依存／ Phụ thuộc

□考慮（する）：(to) consider ／考虑／ Suy nghĩ, tính toán

□安価（な）：値段が安いこと。

□矛盾（する）：(to be) inconsistent ／矛盾／ Mâu thuẫn

□心理：psychology ／心理／ Tâm lý

□見解：point of view ／见解／ Ý kiến đánh giá về sự vật sự việc gì đó

☞フリーターと呼ばれる人を社会的に排除しないことを読み取ることがポイント。

●●●●●●●● 聴読解 ●●●●●●●●

1番　正解4

教務課の事務員が留学生の日本語クラスの履修方法について説明しています。正しく記入してあるのはどれですか。

（教務課の事務員）

　留学生の皆さんは日本語が必修科目ですから、必ず履修しなければなりません。クラスは月、火、水、木、金となっています。希望する曜日を選んでください。第一希望と第二希望をそれぞれ書いてくださ

い。また、コンピューターが扱いますから、各欄に２つ以上の記入がある場合は、登録ミスとしてエラーとなります。第一および第二希望に同じクラスを登録した場合も、コンピューターが扱いますから、登録ミスとしてエラーになります。エラーが出ないように、きちんと登録してください。それから、第一希望と第二希望は曜日を変えてください。以上です。

◀言葉と表現▶

□教務：学校での授業に関する事務。

□履修（する）：(to) study a subject ／选修／ tham gia lớp học

□記入（する）：(to) fill in ／记入／ điền vào, ghi vào

□必修：requirement ／必修／ bắt buộc phải học

□欄：column ／栏目／ ô, cột

□登録（する）：(to) register ／登记／ đăng ký

□エラー：error ／失误、错误／ lỗi

第一希望と第二希望にそれぞれ一つずつ記入してあり、第一希望と第二希望で曜日が違うものを選ぶ。

2番　正解1 ——————　CD1 TRACK 26

大学の先生が記憶について話しています。先生は今、プリントのどの部分を話しているでしょうか。

　おそらく、皆さんは中学生や高校生の時に、たくさん勉強をしたと思います。例えば、学校の定期テストですね。テストの前には、一生懸命、授業で勉強した内容を暗記したと思います。ですが、不思議なこ

とにテストが終わるとあっという間に忘れてしまって、残念な気持ちになりますよね。一夜漬けはなかなか身につかない。やはり何度も何度も繰り返し勉強しないとだめなんですよね。一度勉強したことはそのままにせず、必ず復習をする。予習をすればさらによいでしょう。繰り返しやるという習慣をつければ、さまざまなものがしっかり身について、勉強がさらに楽しくなるでしょう。

◀言葉と表現▶

□記憶（する）：(to) remember ／记忆／ ghi nhớ

□プリント：学校などで、簡単な印刷をして配られるもの。

□定期テスト：regular test ／定期考试／ kiểm tra định kỳ

「テストが終わるとあっという間に忘れてしまって」、「一夜漬けはなかなか身につかない」、「繰り返し勉強しないとだめ」など、すぐに忘れてしまうことについて言っているのに注意をする。

●●●●●●●●●● **聴　解** ●●●●●●●●●●

1番　正解2 ——————　CD1 TRACK 27

先生が講義で説明しています。ピア・リーディングとはどのようなものだと言っていますか。

　最近、ピア・サポートとかピア・アシスタントとか、ピアという名前の付くものが教育活動の中でよく見かけられるようになりました。この活動はもともとカナダで

始まり、生徒が問題を抱えたときに、先生ではなく、まず、友人に多く相談を持ちかけることに注目し、生徒がお互いに助けられるような教育活動のことを指すようになったものです。

これを外国語の学習に応用したものがピア・リーディングです。これは、あらかじめ学生の間で下読みをして、内容についてのお互いの解釈を話し合ったあとで、先生からの講義や説明を受ける、というもので、相互の学習活動であり、お互いの理解度を確認するために役立つものです。読解の学習は、テキストをもとに先生の説明を聞くことが一般的ですが、このやり方を取り入れるのも効果があると思われます。

ピア・リーディングとは、どういう意味ですか。

1　先生からの説明を聞く前に、あらかじめ自分で内容について見ておくこと

2　先生からの説明を聞く前に、あらかじめ学生の間で内容について話し合っておくこと

3　先生からの説明を聞く前に、あらかじめ内容についてよく理解しておくこと

4　先生からの説明を聞く前に、あらかじめテキストを読んで、疑問点を確認しておくこと

◀言葉と表現▶

□抱える：持つ。

□持ちかける：相談や提案、誘いなどの話を用意して、相手に働きかける。

□あらかじめ：in advance ／重新／ trước, sẵn sàng

□下読み（する）：準備のために読んでおくこと。

□解釈（する）：(to) interpret ／解釈／ giải thích

□効果：effect ／効果／ hiệu quả

☞学生の間で下読みをすると言っている。

2番　正解3　── CD 1 TRACK 28

上司と部下が話しています。部下がまずしなければならないことは何ですか。

部下：課長、資料のほう、お持ちしました。あと、サンプルと。

上司：ああ、さくら広告に言われて頼んだやつね。ありがとう。……うん？違うよ。こうじゃないって。月別にまとめてほしかったんだよ。

部下：すみません。急いで作り直します。……あのう、サンプルはそれでよろしいでしょうか。

上司：サンプル？　まあ、これでいいんだけど、色は白のほうがいいんじゃないかなあ。

部下：わかりました。午後に青木さんとふじデパートに行きますので、そのあと、サンプルだけでも渡しに行きます。

上司：いいよ、そんなことしなくたって。頼まれてるものがまだなのに、サンプルだけ渡したってしょうがないよ。

部下：わかりました。

上司：それはそうと、この書き方はどうもパッとしないなあ。もう少し位置をずらして、ページ全体がきれいに見えるようにしなきゃ。またあとでよく確認しておくけど。

部下：よろしくお願いします。

部下がまずしなければならないことは何ですか。

1　サンプルをお客さんに渡すこと
2　サンプルの間違いを確認すること
3　お客さんのリストを50音順に並べること
4　ページ全体がきれいに見えるように書き方を変えること

◀言葉と表現▶

□パッとしない：unimpressive／不爽／không có gì nổi bật

□ずらす：shift／挪动／dịch, xích

□五十音順：五十音表（日本語の基礎となる五十の音を表にしたもの）の順番。あいうえお順ともいう。

☞最後に、上司がまずお客さんのリストを50音順に並べてほしいと言っている。

第7回

●●●●●●● 記述問題 ●●●●●●●

〈解答例〉

　仕事というものは相対的なもので、その人自身の絶対的な証しとなるものではありません。ある仕事をやめたら、基本的にその人とその仕事の関係はそれで終わりです。これに対して、お母さんと赤ちゃんの関係は、お互いが、かけがえのない絶対的な存在です。

　人間は誰しもそうですが、赤ちゃんの時、お母さんがそばにいるのといないのとでは、心の安定がまるで違います。今日、コミュニケーションという言葉がよく聞かれるようになりましたが、人間としてのコミュニケーションは、生まれてきた赤ちゃんとお母さんの間で始まります。赤ちゃんの時、お母さんが常にいないということは、その後、コミュニケーション力を身につけ、高めていくうえで大きな欠陥となりかねません。

　お母さんにとって、子育ては大変なことでありながら、わが子に愛情を注ぐことができる、女性として母として、人生で最も喜びを感じることです。そして、特に赤ちゃんという、一人の人間の成長過程の最も重要な時に、仕事を優先するべきではないと考えます。

（430字）

●●●●●●● 読解 ●●●●●●●

1番　正解3

◀言葉と表現▶

□構内：premises; grounds／院内／Trong phạm vi quản lý, trong tòa nhà, công trình

□教職員：教員（教師）と職員（スタッフ）。

□清掃（する）：掃除。

□歩行：歩くこと。

□頻繁に：frequently／频繁／Thường xuyên

□貢献（する）：(to) contribute／贡献／Cống hiến

2番　問1　正解1　問2　正解4

◀言葉と表現▶

□亡き：亡くなった。今はもう生きていない。

□愛称：pet name ／爱称／ Tên thân mật

□口癖：speech tic ／口头禅／ Câu cửa miệng, câu thường nói như một thói quen

□時折：ときどき。

□見受ける：見て、そのように思う。

□端的に：directly ／坦率的／ Rõ ràng

□左右する：物事の方向性を決めるような影響を与える。

□しみじみ：A feeling that works its way into your heart. ／刻骨铭心的感受／ Cảm thấy thấm thía

祖父は人生では趣味はなくてはならないものだと言っている。

●●●●●●●●● 聴読解 ●●●●●●●●●

1番　正解2 ———— CD1　TRACK 29

ツアーの添乗員が旅行客に話しています。変更後の予定はどうなりますか。

本日はお疲れさまでした。早速ですけれども、明日の予定をご連絡いたします。午前中は青森港から遊覧船に乗る予定でしたが、明日は風が強く、また、雪も降るそうですから、欠航になりました。予想外のことで、大変申し訳ございません。その代わりにガラス工房を見学し、午後から夕方までは自由行動となっています。昼食はガラス工房の近くのレストランです。夕食はホテルで郷土料理のバイキングを用意して

おります。明日の出発は9時になります。皆さま、今夜はゆっくりお休みください。

◀言葉と表現▶

□ツアー：旅行。　※ 旅行会社が企画した旅行や、研修や見学のための旅行によく使われる。

□添乗員：「添乗」は「一緒に乗る」という意味で、ツアーの間、客の世話をする係の者。

□遊覧船：sightseeing boat ／游览船／ du thuyền

□欠航（する）：flight cancelation ／停飞、停航／ huỷ bỏ (chuyến bay, chuyến tàu)

□〜外：〜を超えること。〈例〉計算外、予定外、対象外

□工房：workshop ／作坊／ xưởng

□郷土：生まれて育ったところ。故郷。

□バイキング：buffet ／自助餐／ búp phê

この旅行では当初は遊覧船に乗るつもりだったが、天候不良のため中止となり、代わりにガラス工房の見学になっている。

2番　正解3 ———— CD1　TRACK 30

男子学生と女子学生が成績表を見ながら話しています。女子学生の成績表はどれですか。

女子学生：私、来年度の奨学金を申請するつもりだから、教務課に今年度の成績を取りに行ったの。

男子学生：そうなんだ。それで、成績はどうなの？　ちょっとだけ見せてよ。

女子学生：いいわよ。

男子学生：Dはないんだ。

女子学生：うん。そんなに悪くないでしょう？

男子学生：この日本語学概論、結構難しいって言っていたけど、いいじゃない。

女子学生：先生にもいろいろ質問して、わからないときは研究室まで行って。

男子学生：それはすごい。頑張ったんだね。でも、音声学はどう？

女子学生：音声学もよかったのよ。それに比べると英語のほうはあまりよくなかったの。

男子学生：このフランス語はいい成績なのに。

女子学生：そうなの。英語は後期から難しくなって、やる気も起きなかったの。全然、理解できないんだから。

◀言葉と表現▶

□奨学金：scholarship; student loan ／奨学金／ học bổng

□申請（する）：(to) apply ／申请／ nộp đơn

□年度：fiscal year; academic year ／年度／ năm học, niên khoá

□音声学：phonetics ／音声学／ âm thanh học

□後期：later period ／后期／ kỳ sau

□やる気：motivation ／劲头、干劲／ ý chí muốn làm điều gì đó

☝女子学生は日本語学概論、音声学、フランス語の成績はいいが、英語は悪かったと言っている。

◗◗◗◗◗◗◗◗◗◗ 聴 解 ◖◖◖◖◖◖◖◖◖◖

1番　正解1 

男の人が、ある病気の予防法について説明しています。この病気にかからないための最も有効な方法は何ですか。

はしかは、飛沫感染、接触感染など、さまざまな感染経路を示す伝染病ですが、その感染力は、人とすれ違っただけで感染した例もあるほど、極めて強いものです。

はしかは子供だけの病気ではなく、免疫を持たない大人も感染し、発病することがあります。はしかの予防には、日頃から十分な栄養や休養をとるように心がけるとともに、うがいや手洗いなどで感染を防ぐことが重要ですが、最も有効な予防法はワクチン接種です。伝染病であるはしかは、免疫を持っていれば感染しませんから、体の中にその抗体を持っておくと安心です。

この病気にかからないための最も有効な方法は何ですか。

1　注射をしておくこと

2　日頃から十分な栄養や休養をとること

3　うがいや手洗いなどで感染を防ぐこと

4　知らない人と接触しないようにすること

◀言葉と表現▶

□飛沫：細かく飛び散った水。

□感染（する）：(to) infect ／感染／ lây nhiễm

□接触（する）：(to) touch ／接触／ tiếp xúc

□経路：path ／路径／ con đường
□伝染病：infectious disease ／传染病／
bệnh truyền nhiễm
□免疫：immunity ／免疫／ miễn dịch
□発病（する）：(to) contract a disease ／发
病／ phát bệnh
□予防（する）：(to) prevent ／预防／ dự
phòng
□心がける：常にそのことを心にとどめ、
忘れないようにする。
□うがい：gargle ／漱口／ súc miệng
□ワクチン：vaccine ／预防针／ vắc-xin
□接種（する）：(to) vaccinate ／接种／
tiêm chủng
□抗体：antibody ／抗体／ kháng thể

2番　正解3 　TRACK 32

**男子学生と女子学生が話しています。
一番少ない人数ですることができるもの
はどれですか。**

男子学生：野球は9人でするものっていう
のは知ってたけど、ラグビーは
15人なんだってね。
女子学生：へえ、全然知らなかった。サッ
カーは？
男子学生：11人。この二つはどれもちゃ
んとやろうとすると人数が必要
だから、友達同士でやるのはな
かなか難しいよね。
女子学生：最近、サッカーに似たフットサ
ルが流行ってるじゃない？　あ
れは、人数が少なくてもできる
から、女の子にも人気があるよ
ね。
男子学生：確か一つのチームは5人だった
ね。

女子学生：そうそう。バレーやバスケット
なんかは？
男子学生：バレーは普通は6人だけど、9
人でやる場合もあるね。バス
ケットは5人。もっと多い人数
でやるように見えるけど、意外
に少ないんだよね。
女子学生：ふうん。バレーよりバスケット
のほうが少ないのはちょっと意
外ね。

**一番少ない人数ですることができるも
のはどれですか。**

1　バレーボール
2　サッカー
3　フットサル
4　ラグビー

◀言葉と表現▶

□フットサル：futsal ／五人制足球／
bóng đá trong nhà (Futsal)
□確か：certain ／的确／ chắc chắn
□意外（な）：unexpected ／以外／ ý
ngoại, bất ngờ

☞人数が少なくてできるフットサルは5
人と言っている。

25

第8回

●●●●●●●● 記述問題 ●●●●●●●●

〈解答例〉

①私の国の電車やバスの中には、優先席があるものもありますが、ないものもあります。これは、高齢者に席を譲らなくてもいいということではありません。人に言われてとか、社会が規則を決めるとかではなく、当然のこととして自発的に譲るべきものだという発想からです。日本でも、これからはこうした考え方が必要だと思います。

優先席を見ていると、よく高齢者以外の人が座っているのを見かけますが、生活スタイルがますます多様化する今日、若いから立たなければならないということも、正しい考え方とは言えないと思います。ラッシュアワーなどの時は、高齢者の人より、サラリーマンなど働く世代の人や学生などが乗車する確率が高いわけですから、優先席を高齢者用と限定することは、優先席自体を無駄にすることになります。高齢者に限定するのではなく、ある場合は若い人、ある場合はサラリーマン、ある場合は高齢者というふうに、状況に応じて全ての人が利用できるようにするべきだと思います。

私は優先席をもうけることに反対です。

（434字）

②漫画は本ですが、そこに書かれている文字はどちらかと言うと補助的なもので、「漫画」という字の通り、絵を中心に構成されています。そして、小さい頃から漫画が描く風景や人の表情、漫画の表現方法ばかりを見るようになると、言葉の意味を深く考えたり、想像を膨らませたりすることが少なくなるように思います。物事の表面的な部分に注意が奪われ、洞察力や想像力が十分に育まれないように思うのです。

また、現在の漫画は、扱われる題材にも問題があると思います。暴力的なシーンや性的な描写が多く描かれていますが、非現実の世界で描かれるこのようなシーンに見慣れることによって、現実世界を誤って理解することにもなりかねません。それが、青少年による犯罪や事件の要因の一つにもならないともいえないのです。

確かに、漫画は見てすぐわかるので簡単に楽しめますし、現実世界にはない物語と世界はとても刺激的です。しかし、好奇心にあふれ、感受性の豊かな時期だからこそ、少年期には、名作と言われる小説などをたくさん読むべきだと思います。そうすることで、本来持っているさまざまな能力を引き出し、伸ばすことができるからです。

（485字）

●●●●●●●● 読 解 ●●●●●●●●

1番　正解4

◀言葉と表現▶

□汽車：train ／列車／ Tàu hỏa

□有限会社：limited company ／有限公司 ／ Công ty trách nhiệm hữu hạn

□株式会社：corporation ／株式会社／ Công ty cổ phần

☝最後の一文の「このようなやり方では、言葉の本質を理解することは難しい。」を読み取る。

2番　正解4

◀言葉と表現▶

□簡潔（な）：simplicity ／简洁的／ Ngắn gọn xúc tích

□思いやり：相手のために、思いを向けること。そうした優しい気持ち。

□保証（する）：(to) guarantee ／保证／ Bảo đảm

□持続（する）：(to) continue ／持续／ Duy trì

□忍耐：patience ／忍耐／ Nhẫn nại

□持ち得る：持つことができる。

☝結婚後はお互いに愛情や思いやりの気持ちが永遠に続く保証はない、ということを読み取ることがポイント。

●●●●●●●●● 聴読解 ●●●●●●●●●

1番　正解3　　　　CD 1　TRACK 33

女子学生がアジサイについて発表しています。この学生が発表しているのは、どの話題についてですか。

　「七変化」の異名もあるアジサイは、「移り気」の花言葉を持つほど変化に富む。それは花の色にもよく表れ、同じエゾアジサイやヒメアジサイでも、酸性の土では青に、アルカリ性ではピンクになります。土の中のアルミニウムイオンを吸収することで青くなるのですが、園芸店でよく売ら

れている肥料には、アルミニウムイオンの吸収を妨げるリン酸が含まれているため、家庭で育てるときは、注意が必要です。また、ヨーロッパの土はアルカリ性、日本の土は酸性が多いため、かつて日本から輸出されたアジサイが、現地でピンクの花として愛されている例もあります。そのほか、土質に関係なく白や赤色に咲く品種もあるそうです。

◀言葉と表現▶

□異名：本当の名前以外の名前、呼び方（別名）。

□移り気：（一つの事に集中できず）気持ちが変わりやすいこと。

□変化に富む：a great variety ／富于变化 ／ biến đổi nhiều

□酸性：acidity ／酸性／ tính axit

□アルカリ性：alkalinity ／碱性／ tính kiềm

□アルミ／アルミニウム：aluminum ／铝 ／ nhôm

□イオン：ion ／厘子／ ion

□吸収（する）：(to) absorb ／吸收／ hấp thụ

□園芸：gardening ／园艺／ nghệ thuật làm vườn

□肥料：fertilizer ／肥料／ phân bón

□妨げる：prevent ／阻止／ ngăn trở

□リン酸：phosphoric acid ／磷酸／ axit phosphoric

□現地：あることが実際に行われている場所。実際の場所、その場所。

□土質：土の性質。

□品種：kind of goods; brand ／品种／ chủng loại

「酸性の土では」「土の中の」「ヨーロッパの土は」など、全体を通して「土」の話をしていることに注意する。

2番　正解3　──────── CD1 TRACK 34

先生が課題レポートの提出について説明しています。先生の説明に合っているレポートの表紙はどれですか。

来週のこの時間に「日本と外国の教育制度」についてのレポートを提出してください。レポート用紙はＡ４サイズを使用して、必ず表紙を付けてください。表紙にはレポートのテーマ、学部と学科、学籍番号、名前を必ず記入してください。なお、表紙の右上には科目名と提出日を書いてください。内容については、日本の教育制度と、外国──これはどこの国でもかまいません、一つの国──を選んで、その国の教育制度を比較する形で書いてください。

提出期限は来週のこの時間、１月29日までとします。授業の前に黒板のところに箱を出しておきますので、必ずその中に提出してください。枚数は何枚でもいいですけれど、必ずレポートの上の２カ所をホチキスでとめて、ばらばらにならないようにしてくださいね。もし、わからないことがあったら、掲示板にも張っておきますので、確認してください。

◀言葉と表現▶

□表紙：front page ／封面, 首頁／ trang đầu

□学部：faculty ／本科／ giảng viên

□学科：department ／学系／ bộ phận

□学籍番号：department ／学系／ bộ phận

□制度：department ／学系／ bộ phận

□比較（する）：比べる。

□ばらばら：separate ／分开／ sắp sập

□掲示板：bulletin board ／公告板／ bảng thông báo

レポートのまとめ方、ホチキスの綴じ方に注意する。

●●●●●●●●●● 聴　解 ●●●●●●●●●●

1番　正解3　──────── CD1 TRACK 35

先生が講義で課題の提出について説明しています。説明の内容と合っているものはどれですか。

月末の課題レポートは、自分のテーマにとって重要なかかわりを持つ論文や書籍を一つ選んで、文献としての長所と短所を6,000字から8,000字程度でまとめるというレポートにしてもらいますが、卒業論文のテーマに沿っているものであれば、論文の中の章を書くなり、自由に題を設定して書くなりして、かまいません。論文を書く場合、文献を読んで賛同する部分を取り入れると同時に、そうでない部分を批判する姿勢を持つことが大切になりますから、この課題についても、その点を忘れずにまとめてほしいと思います。

説明の内容と合っているものはどれですか。

1　レポートの題は、文献を読んで批判する姿勢があれば、自分で決めていい。

2　レポートの題は、選んだ文献の長所や短所について、必ず書かなければならない。

3　レポートの題は、卒業論文のテーマの中のものであれば、自分で自由に決めていい。

4　レポートの題は、卒業論文のテーマに合っていなくても、自分で自由に決めていい。

◀言葉と表現▶

□書籍：本。　※雑誌と区別される。

□文献：books ／文献／ tài liệu, sách tham khảo

□章：chapter ／章／ chương

□賛同（する）：だれかの意見や考え方に賛成すること。

□批判（する）：(to) criticize ／批评／ phê phán

2番　正解1  CD1 TRACK 36

男子学生と女子学生が話しています。女子学生が一番の原因だと考えていることは何ですか。

男子学生：最近、家族間のトラブルで裁判になるケースが増えているみたいだね。

女子学生：そうかもね。私の周りでも、家族同士がうまくいってないって話をときどき聞くよ。特に親子関係、何でだろう。

男子学生：家族といっても、別々の人間関係なんだから、それを前提にしないと、いい関係は築けないんじゃないかなあ。

女子学生：確かにそうね。親子だろうが夫婦だろうが、考え方も好みも、それぞれ違うものね。

男子学生：それと、やはり小さいころから、親が子供に普段のしつけをきちんとしておかないといけないんじゃないかなあ。

女子学生：そうね。それに、最近のお母さんは自分も仕事をしたいって思う人が多くて、子供が小さい時に家にお母さんがいないって家庭が珍しくないでしょう？　仕事もしたい、趣味もしたい、子育てもしたいっていうのは、わがままなことなんじゃないかしら。お父さんとお母さんの両方が家にいない家庭は、誰がいつ子供を育てればいいんだろうね。

男子学生：なるほどね。小さい子供の教育は学校に任せて済むもんじゃないからね。

女子学生が一番の原因だと考えていることは何ですか。

1　親の行動

2　子供の行動

3　子供のしつけ方

4　親と子供の性格

◀言葉と表現▶

□前提：assumption; hypothesis ／前提／ tiên đề

□築く：build ／建筑／ xây dựng

□しつけ：discipline; training ／家教／ nuôi dạy

☝女子学生は両親が不在の家は子供の教育ができないと言っている

第9回

●●●●●●●● 記述問題 ●●●●●●●●

〈解答例〉

①占いというと、半分娯楽のようでもありますし、責任や保証を伴うものでないので、適当なものに思える印象があります。しかし、それぞれのやり方で、ある情報をもとに行われるアドバイスには、客観的な部分もそれなりにあると思います。将来のことを予想するだけではなく、今の表情をもう少し変えたほうがいいとか、髪形や服装をこのようにしたほうが幸運に巡り合いやすいとか、そういうのは、何か根拠があってのことだと思います。

神社に占いと似た発想で厄年というものがあります。厄年も適当に決められたものというより、長年のデータの積み重ねから、厄年になる年にはいろいろな災難が起こりやすいので用心したほうがいい、というもので、客観的な情報と判断に基づいているそうです。

占いに左右されて生きることは意味がありませんが、たまに占いを受けてみるのは悪いことではないかもしれません。結果が良ければうれしく思い、悪ければ占い師の助言を聞いて、行動に注意したり何かを改善したり、占いを活用すればいいのではないでしょうか。

（438字）

②私たちの日常生活の中で、テストと言えば、学校の中間テストや期末テストが最も身近なものですが、学校を卒業しても、入社試験や資格試験、あるいは何かの専門的な能力を測る検定試験など、テストは社会生活の中で続きます。こうしたテスト、いわゆるペーパーテストがその人の能力をどこまで正確に判定できるのかはわかりませんが、その人が持っているある分野の能力を測定する際に、合理的なものであることは確かだと思います。ペーパーテストの場合、向き不向きがあっても、ある分野について全く同じ条件で課されますし、それぞれの分野の専門家が、能力評価についての理論と経験に基づいて作成しているからです。

大学の入学試験では、個性豊かな学生を募集するＡＯ入試のように、ペーパーテスト以外の方法も取り入れられていますが、そこで中心となる「活動実績」も多様であることにむしろ特徴があり、ペーパーテストほど客観的な基準とはなりません。やはり基本的な評価方法として、ペーパーテストはあらゆる分野、目的において有効な方法だと思います。

（445字）

●●●●●●●● 読解 ●●●●●●●●

1番　正解3

2番　問1 正解2　問2 正解2

◀言葉と表現▶

□青汁：健康食品の一つで、野菜を材料にした飲み物。

□摂取（する）：取り入れて自分のものにすること。

□腸：intestines ／肠／ Ruột

□細菌：bacteria ／细菌／ Vi khuẩn

□権威：authority ／权威／ Uy quyền

□タンパク質：protein ／蛋白质／ Chất đạm

□合成（する）：(to) synthesize ／合成／ Cấu thành nên

□芋：potato ／芋头／ Khoai

□〜類：〜や〜と同じような種類のもの。

□筋肉質：筋肉がよく発達した状態。そのような体。

□アミノ酸：amino acid ／氨基酸／ Axit Amin

□特殊（な）：special ／特殊／ Mang tính đặc thù

本文では科学的な説明では解決できないと述べられている。

●●●●●●●●● 聴読解 ●●●●●●●●●

1番　正解1 ──────── CD 1 TRACK 37

先生がレポートの参考文献の書き方について説明しています。参考文献の書き方として、正しいものはどれですか。

　今日は今学期最後の授業ですから、レポートの書き方を説明します。特に注意してもらう点は、参考文献の提示のしかたです。まず、その著者の名前を書き、そのあと、発行された年を書いてください。それはカッコでくくること。また、レポートは横書きですから、数字は漢数字を使わないでください。論文の題名をカギカッコに入れて、次にその論文が載っている本や雑誌の名前を二重のカギカッコでくくります。そのあとに出版社の名前です。この順番ですが、順番どおりになっていない人に対し

ては、書き直してもらいますから、気をつけてください。

◀**言葉と表現**▶

□提示（する）：(to) present ／提示／ xuất trình

□発行（する）：(to) issue ／发行／ phát hành

□カッコ：“（　）”や“〈　〉”などの記号。

□くくる：記号を使って言葉のまとまりを示すこと。

□横書き：文章を左から右に、横に書くこと。

□漢数字：「一、二……十、百」など、漢字で書いた数字。

□題／題名：title ／题目／ đề, chủ đề

□載る：appear on/in ／登载／ được đăng

□二重：同じものが二つ重なること。

発行された年が漢数字でないこと、また、論文の題名、本・雑誌の名前、出版社の名前の順番に注意をする。

2番　正解4 ──────── CD 1 TRACK 38

この先生が使っているのはどのグラフですか。

　この作品は、どちらかと言えば男性に人気があると言えます。しかし、世代によって偏りが見られています。すべての世代から支持を集めているわけではありません。若い人、そして父親世代の読者が多いことがわかります。

　その一方、女性では支持する世代が男性と反対になっているように見えます。特に若い読者に支持されていません。

☞男性層と女性層で支持している世代が違うものを選ぶ。男性では支持されていない世代が、女性では支持されていることに注意する。

●●●●●●●●●● 聴 解 ●●●●●●●●●●

1番　正解2 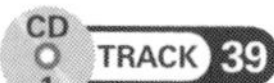 CD1 TRACK 39

女子学生と留学生が話しています。女子学生が問題だと感じていることは何ですか。

女子学生：最近、「ありがとう」っていうと、特にスーパーやコンビニなどのお店では、「はい」って言葉が返ってくると思うんだけど、ライさんはどう思う？

ライ：僕はまだ日本に来て時間が短いけど、確かに日本では「はい」って答えがよく返ってくるよね。自分ではそれほど違和感はないけど。

女子学生：中国語でも、「はい」って答えるの？

ライ：中国語では、「ありがとう」の答えには、「いいえ」って答えるのが普通だね。

女子学生：昔は日本でも、「ありがとう」には「いいえ」って答えるのが普通だったと思う。絶対におか

しいとは言えないけど、「ありがとう」にそのまま「はい」って答えるのは、なんだか感謝されて当然って感じがする。感謝を述べる方も気を使って話しているんだから、しっくりこない言い方だよね。

ライ：確かにね。言葉はお互いに相手のことを考えながら使うことが大切だよね。

女子学生が問題だと感じていることは何ですか。

1　言葉に聞き手の気持ちだけが表れていること

2　言葉の使い方に気配りが感じられないこと

3　言葉の使い方が間違っていること

4　言葉に聞き手と話し手の気持ちが表れていること

☞女子学生は「いいえ」と答えるべきところを、「はい」と答えることが多いことに疑問を感じている。

2番　正解2  CD1 TRACK 40

先生が講義で話しています。東京湾の汚染の新たな問題は何だと言っていますか。

東京湾の汚染は、かなり前から深刻化

しているわけですが、現在、その最も大きな原因は家庭排水です。洗濯やお風呂などで使用した排水のうち、多くの無機質が下水処理場で分解できず、チッソ化合物として東京湾に流れ込んでしまうので、工場などの産業系の排水はその残りの20％に過ぎません。

また、最近は、ペットボトル、食品の袋、たばこのフィルター、石油化学製品のごみなど、さまざまな廃棄物が海上に浮かんでいます。これらのゴミは半永久的に地球に残るため、海洋汚染と同時に、カメなどの生き物が間違えて食べてしまうなど、生態系にも深刻な影響を与えています。

さらに、近年、外国からの輸送船が大幅に増えていることから新たな問題が起きています。特に大型船の場合ですが、船の安定のために出発時や航海中に吸い込んだ大量の水を、東京湾に着いたときに一気に吐き出すのです。それが、東京湾の水と合わず、汚染の要因になっているのです。船に関しては、ほかにも油や廃棄物を流して走行するなどの問題が深刻で、一緒に考えなければなりませんが、この新たな問題の解決方法には、しばらく頭を抱えることになりそうです。

東京湾の汚染の新たな問題は何だと言っていますか。

1　海上に浮かぶ石油化学製品のごみ
2　船から大量に吐き出される海水
3　船から捨てられる油
4　家庭排水と産業系の排水

◀言葉と表現▶

□汚染（する）：空気や水、食べ物などが汚れたり、有害なものが混じったりす

るようになること。

□深刻（な）：serious ／深刻／ nghiêm trọng

□排水（する）：水を外に出すこと。

□無機：inorganic ／无机／ vô cơ

□下水：家庭や工場などから捨てられる汚れた水。

□処理（する）：(to) process ／処理／ xử lý

□分解（する）：(to) disassemble ／分解／ phân giản

□化合物：compound ／化合物／ vật hỗn hợp

□フィルター：filter ／过滤器／ bộ lọc

□石油化学：petrochemistry ／石油化学／ hoá dầu

□廃棄物：waste products ／废弃物／ thứ bỏ đi

□半永久：half-life ／半永久／ hầu hết vĩnh viễn

□海洋：ocean ／海洋／ đại dương

□一気に：最後まで途中で休まずに物事をする様子。

□解決（する）：(to) solve ／解決／ giải quyết

☝先生が「特に大型船の場合ですが」と言っている後の内容に注意する。

第10回

●●●●●●●● 記述問題 ●●●●●●●●
〈解答例〉

①私は二人の間で、本当に愛を保ち続けられる確信があれば、経済的に苦しくても結婚していいと思います。

結婚というのは、それまで別の生活をしていた二人が、その日から一緒に生活をするということです。ごく簡単に言いましたが、それは容易なことではないでしょう。情熱的な愛のある二人についても、例外ではありません。結婚する時は、お互いに愛にあふれていますが、それがいつまでも続くという保証はありません。これから結婚しようとする人は、その愛を持ち続けることに決して揺らぐことのない確信を持てなければなりません。それはお互いの忍耐や努力を伴うものです。そこに不安がある人やはっきりしない人は、もう一度よく考えたほうがいいでしょう。

結婚生活には、経済的な安定も重要です。その点については、若いうちはなかなか理想的には行かないと思います。しかし、まだ若く、経済的に豊かでなくても、二人の気持ちがしっかりしてさえいれば、あらゆる困難も乗り越えられると思います。結婚することで力が二倍にも三倍にもなり、勇気が持てると思うからです。

(451字)

②私は偉くなりたいとか、金持ちになりたいとか、思いません。それよりも、自分の好きなことをしながら、静かにのんびり暮らすという生き方にひかれます。

まず、社会的な成功を得るには、激しい競争に勝ち残らなければなりません。時には直接的に人と争ったりすることもあるでしょう。また、長い間、張りつめた日々を過ごすことにもなります。毎日仕事に追われ、忙しい生活が続きます。また、いろいろな人と仕事をする中で、あちこち気を使ったり、人間関係の問題を抱えたりしながら、ストレスがたまるでしょう。休みの日も、仕事から完全に解放されることができなくなりそうです。さんざん苦労して偉くなったとしても、その結果、自由な時間や心の安らぎを失うことになれば、全く無意味です。

それよりも、ゆったりと生活をしたほうがいいと思います。気の合う友達とおしゃべりを楽しむ、ときどき旅行に行く。人と争うこともしないから、心はいつも穏やかです。自然の美しさを味わうゆとりもでき、毎日を楽しく過ごすことができます。そして、人生を心から楽しむことができます。それこそが幸せな暮らしというものだと思うのです。

(478字)

●●●●●●●● 読解 ●●●●●●●●

1番　正解2

◀言葉と表現▶

□語源：etymology ／词源／ Nguồn gốc của từ

□特権：privilege ／特权／ Đặc quyền

□寝そべる：体を伸ばして横になる。

□別荘：villa ／别墅／ Biệt thự

□〜圏：〜の地域、範囲。

□概念：concept ／概念／ Khái niệm

□相補的（な）：それぞれを補い合うような。

☞日常生活における休暇の概念は、文化圏によって全く異なる。

2番　問1　正解1　問2　正解2　問3　正解4

◀言葉と表現▶

□店屋物：注文して配達してもらう料理。
□器：入れ物。ここでは、食器。
□提唱（する）：(to) propose ／提唱／Thuyết phục, giảng giải
□姿勢：attitude ／姿勢／ Tư thế
□代価：cost ／代価／ Giá phải trả
□無償：お金など、代価を求められないこと。無料、ただ。

☞仕事が多くなったときと社会とのあり方を読み取ることがポイント。

●●●●●●●● 聴読解 ●●●●●●●●

1番　正解2

リーさんが、日本語の授業のどの科目を取ったらいいか、教授と相談しています。リーさんはどの科目を取りますか。

リー：あのー、今年の日本語の授業の履修について相談したいんですが……。

教授：はい。

リー：いろいろな科目があるので、どれを取ったらいいか、迷っているんです。

教授：リーさんはまず、レポートの書き方を勉強するのがいいと思います。去年、リーさんのレポートを見ましたが、あまりよく書けていませんでしたよ。レポートにはレポートの書き方がありますから、それを身につけてください。

リー：はい。じゃ、この授業を取ったらいいですね。

教授：そうですね。

リー：私は会話に自信がないので、会話の授業を取ろうと思っていたのですが。

教授：いや、それだけ話せれば立派なものじゃないですか。

リー：でも、やっぱり自信がないんです。

教授：それでは、この授業、取ったらどうですか。

リー：いえ、この機会に初めからちゃんと会話を勉強しなおそうと思いまして。

教授：そんな必要もないと思うけど……。まあ、どうしてもと言うなら、この授業ですね。

リー：はい。

教授：曜日と時間は大丈夫ですか。必修科目とぶつかったりしませんか。

リー：ええ。水曜の午後にどうしても取らなければならない経済の専門科目があるんですが、日本語の授業とはぶつかりません。

◀言葉と表現▶

□履修（する）：(to) study a subject ／选修／ tham gia lớp học
□どうしてもと言うなら：「どうしても」は「どうしてもそうしたい」などが短くなったもの。
□必修：requirement ／必修／ bắt buộc phải học

□ぶつかる：一つのところに二つのものが重なる。ある時間や場所に二つの物事が重なってしまう。

レポートの書き方を学ぶこと、会話を初めから勉強しなおすことに注意をする。

2番　正解1 ——— CD1 TRACK 42

大学の先生が「ジョハリの窓」について講義をしています。先生の質問に対する答えとして正しいものはどれですか。

アメリカの心理学者ラフトとインガムは、コミュニケーションにおける自分と他人との関係を「ジョハリの窓」として図にしました。ジョハリの窓には4つの枠があります。第1枠と第3枠の縦軸が「自分が知っている」、第2枠と第4枠の縦軸が「自分が知らない」になっています。次に第1枠と第2枠の横軸が「他人が知っている」、第3枠と第4枠の横軸が「他人が知らない」です。

第1枠は「開放・共有の窓」で、自他ともに共通に知られている自分についての枠です。自分について、自らは知らないのに他人が知っているような「目隠しされた」自分が、第2枠で示されます。第3枠は、自分にはわかっていても、他人に知られないようにしている自分についての領域で、「隠蔽の窓」と呼ばれています。そして、自身にも他人にもその存在が知られていないような領域があります。これが第4枠です。

さて、ここで質問です。自分の癖などはどの領域になるでしょうか。

□心理学：psychology ／心理学／ tâm lý học

□枠：frame ／框／ khung

□縦軸：vertical axis ／纵轴／ trục tung

□横軸：horizontal axis ／横轴／ trục hoành

□共有（する）：(to) share ／共有／ chia sẻ

□自他：自分と他人。

□領域：domain; area ／领域／ lĩnh vực

□隠蔽：conceal ／隐藏／ trú ẩn

□癖：(bad) habit ／毛病／ tật

癖は自覚することが難しく、他者から指摘されることが多い。どれも他者と自分が知ることができる。

●●●●●●●●●● 聴 解 ●●●●●●●●●●

1番　正解2 ——— CD1 TRACK 43

男の人がある都市の観光案内について説明しています。男の人が推薦する観光コースはどれですか。

京都には、大小あわせて約3000の寺院があると言われていますが、現在は、このうち5つの寺院、京都御所、仙洞御所、桂離宮、修学院離宮、西芳寺には、事前に参拝許可が必要になります。ただ、この中で、京都御所は、毎年春と秋だけに一般の観光客に開放しますから、古い都の重要な文化財に触れたいと思うなら、まず、ほかの4つから訪ねてみるといいでしょう。中でも、2つの離宮は、伝統的な昔の日本庭園を見学する上で、大変貴重なところです。西芳寺は、以前は事前の許可なしで見学できたんですが、見学者の増加に伴い、寺院内植物の保護のため、許可が必要になりました。ということで、こちらより仙洞御所を先に行くのが、昔の都の生活が感じられておもしろいと思いますが、植生に興味のある人は、西芳寺から先に回るのがおもしろいでしょう。

男の人が推薦する観光コースはどれですか

1　二つの離宮を回って、京都御所に行く。

2　二つの離宮を回って、仙洞御所に行く。

3　二つの離宮を回って、西芳寺に行く。

4　二つの離宮を回って、行きたいお寺に行く。

◀言葉と表現▶

□寺院：寺。

□事前：物事が行われる前。物事が起こる前。

□参拝（する）：寺や神社に行ってお祈りをしたりすること。

□許可（する）：(to) permit ／許可／ cho phép

□開放（する）：ある場所を自由に出たり入ったりできるようにすること。

□文化財：cultural asset ／文物／ di sản văn hoá

□触れる：ここでは、（実際にその場所を訪れたり、近くで見たりして）その存在や魅力を体験的に感じること。

□庭園：見たり歩いたりして楽しむために計画的に作られた庭。

□貴重（な）：valuable ／貴重／ quan trọng

□〜に伴い：〜といっしょに。

□保護（する）：(to) protect ／保护／ bảo vệ

□植生：ある場所・地域に集まって生えている植物の集団。

🖐 京都御所より「まず、ほかの4つを」と言っている。また、西芳寺より仙洞御所を先に行くことをすすめている。

2番　正解4 

男子学生と女子学生が話しています。女子学生が尋ねている言葉の正しい意味はどれですか。

女子学生：「ハイブリッド」って言葉をときどき聞くんだけど、どういう意味か知ってる？

男子学生：ああ、車関係でよく使われてるね。ガソリンで走る車に対して、ガソリンと電気という2つの動力を融合させて走る車のことだよ。

女子学生：ふーん。車の種類なんだ。

男子学生：車以外にも使うよ。山梨県から長野県を走る小海線ってJRの線で、ハイブリッド電車が走ってる。

女子学生：でも、先生がこの前の講義で言ってたのは、「これまで話した長所と、今後予想される長所をハイブリッドすると……」っていうようなことだったけど……。

男子学生：それは「2種類以上のもののいいところを集めて、よりいいものになるように」っていう意味

女子学生が尋ねている言葉の正しい意味はどれですか。

1　2つの動力を持って動く乗り物のこと

2　2つの動力を持って動く自動車か電車のこと

3　2つのやり方のいいところを集めて、サービスをすること

4　2つのやり方のいいところを集めて、さらにいいものにすること

☞ハイブリッドとは、元々は二者のいいところを合わせたものであると言っている。

●●●●●●●● 記述問題 ●●●●●●●●

〈解答例〉

①便利さというものは、その反面で何らかのマイナス面を伴うものだと思います。例えば、インスタント食品ばかり食べると体が弱くなりますし、車に乗り過ぎると足が弱くなります。ほかにも、人間は便利さを追求して、いろいろなものを作ってきましたが、それに頼り過ぎると、人間が本来持っている能力を低下させることになると思います。

都会では交通が便利ですが、その便利さを常に求めようとすることで、ストレスも生じやすくなります。駅やコンビニ、銀行などがすぐ近くにある環境に慣れてしまうのは、不健全な感覚を生むもとになりかねません。

一方、郊外の場合、交通の便という点では、それなりのがまんが必要になります。どこかに移動したいときに、電車やバスが利用できないこともあるでしょう。しかし、都会の生活のように、いつも時間に追われる、といったことにはならないでしょう。都会よりもゆっくりした時間の流れの中で、自分のペースで生活をすることができると思います。何より、たくさんの自然に囲まれた中、毎日を気持ちよく過ごすことができると思います。私にはそれが、都会の便利さよりも価値のあることのように思えるのです。

(486字)

〈解答例〉

②情報化がますます進む今日、仕事でも個人の生活でも、一人一人がしなければならないことも増え、とても忙しい社会になっています。これからも当分の間はこの流れは変わらないように思います。化粧は、本来は家でするものだと思いますが、こうした状況の中、女性が出かける前に十分な時間をとるのも容易でなくなっていると思います。ですから、電車内で座席に座れて、周囲の人に迷惑がかからない範囲であれば、静かに化粧をしてもいいのではないかと思います。そうした行為を女性らしくないと、不快に感じる人もいるでしょう。私もあまり好ましいとは思いませんが、直接的に害が及ぶ迷惑行為でもないので、大目に見てもいいだろう、という見方です。

私からすると、化粧よりもむしろ、電車内で外に漏れるような大きな音で音楽を聴くことや、携帯電話のマナーを守らないことのほうがより問題だと思います。このような明らかな迷惑行為については、より明確なルールが必要でしょう。みんなが快適に暮らせるよう、社会が共通認識を持って、取り組むべきだと思います。

(447字)

●●●●●●●●● 読 解 ●●●●●●●●●
（どっ かい）

I　正解1
（せいかい）
◀言葉と表現▶
（ことば　ひょうげん）
□境目：border ／边界／ Ranh giới
（さかい め）
□定義：definition ／定义／ Định nghĩa
（てい ぎ）
□生物学：biology ／生物学／ Sinh vật học
（せいぶつがく）
□大雑把（な）：broad ／粗糙／ Ẩu đả, qua
（おおざっ ぱ）
loa đại khái

☝「死」の説明を入れようとして断られ
（し）（せつめい）（い）（ことわ）
たと書いてある。
（か）

II　正解4
（せいかい）
◀言葉と表現▶
（ことば　ひょうげん）
□語り手：語る人。話す人。
（かた て）（かた ひと）（はな ひと）

☝最後の「外国語の言葉の意味を理解す
（さいご）（がいこくご）（ことば）（いみ）（りかい）
ることは、その言葉を辞書に書かれてい
（ことば）（じしょ）（か）
る言葉で翻訳することだけでは十分だと
（ことば）（ほんやく）（じゅうぶん）
は言えない。」を読み取るのがポイント。
（い）（よ と）

III　正解1
（せいかい）
◀言葉と表現▶
（ことば　ひょうげん）
□短気（な）：気が短いこと。すぐ怒った
（たん き）（き みじか）（おこ）
り、いらいらしたりすること。
□後味：食べたり飲んだりしたあとに口
（あとあじ）（た）（の）（くち）
に残った味。物事が終わったあとに残
（のこ）（あじ）（ものごと）（お）（のこ）
る感じや気分。
（かん）（き ぶん）
□根：元々の性質。
（ね）（もともと）（せいしつ）

☝最後に「思わず喧嘩をするのは、根が
（さいご）（おも）（けんか）（ね）
お人よしに決まっている」と書いてある。
（ひと）（き）（か）

IV　正解1
（せいかい）
◀言葉と表現▶
（ことば　ひょうげん）
□正気：sanity ／头脑清醒／ Tình trạng
（しょう き）

tâm thần bình thường, tỉnh táo
□狂気：insanity ／疯狂／ Tâm thần bất
（きょう き）
bình thường, cuồng loạn
□外観：外から見た様子、感じ。
（がいかん）（そと）（み）（よう す）（かん）
□街路樹：roadside trees ／道边的树木／
（がい ろ じゅ）
Đường với hai hàng cây hai bên
□半ば：半分ほど進んだところ。
（なか）（はんぶん）（すす）
□かげろう：mayfly ／浮游／ Bộ Phù du

V　正解3
（せいかい）
◀言葉と表現▶
（ことば　ひょうげん）
□諸〜：いろいろな〜。それぞれの〜。
（しょ）
□営み：物事をすること。
（いとな）（ものごと）
□日々の営み：毎日の生活。
（ひ び）（いとな）（まいにち）（せいかつ）
□衣食住：food, clothing, and shelter ／衣
（い しょくじゅう）
食住／ Việc ăn-mặc -ở
□習俗：manners; customs ／习俗／ Phong
（しゅうぞく）
tục tập quán
□通読（する）：最初から最後まで読むこ
（つうどく）（さいしょ）（さいご）（よ）
と。
□〜面：新聞の構成を表すもので、扱っ
（めん）（しんぶん）（こうせい）（あらわ）（あつか）
ている分野を表す。
（ぶん や）（あらわ）
□熱を入れる：力を入れる。
（ねつ）（い）（ちから）（い）
□志向：preference ／志向／ Chí hướng,
（し こう）
tâm lý hướng tới điều gì đó
□当てはまる：ちょうど合う。
（あ）（あ）
□価値観：values ／价值观／ Giá trị quan
（か ち かん）
□好奇心：curiosity ／好奇心／ Tính tò mò
（こう き しん）
□刺激（する）：(to) stimulate ／刺激／
（し げき）
Kích thích

☝最後の「知的好奇心がもっと刺激され
（さいご）（ち てきこう き しん）（し げき）
るに違いない。」という一文に注意する。
（ちが）（いちぶん）（ちゅう い）

VI　正解2
（せいかい）
◀言葉と表現▶
（ことば　ひょうげん）
□同窓会：class reunion ／同学会／ Họp
（どうそうかい）

lớp (sau khi tốt nghiệp)

□名簿：register of names ／名簿／ Danh
sách

□改訂（する）：(to) revise ／改订／ Cải
biên

□書き添える：主な文や絵などに対して、
さらに加えて書く。

□運営（する）：(to) operate ／运营／ Vận
hành, điều hành

□記入（する）：用紙に書き入れること。

Ⅶ　正解4

◀言葉と表現▶

□連日：何日も続けて。

□汗だく：汗をたくさんかいている様子。

□地球温暖化：global warming ／地球变
暖／ Hiện tượng trái đất nóng lên

□異常気象：abnormal weather ／异常气
象／ Khí hậu bất thường

□提唱（する）：(to) propose ／提倡／
Thuyết phục, giảng giải

□猛暑：非常に暑いこと。

☞書かれてある日射病の事例から、言い
たいことをつかむ。

Ⅷ　正解3

◀言葉と表現▶

□掛金：premium; bill ／费用／ Tiền tích
lũy, tiền trả định kỳ

□加入（する）：会やチームなどに入るこ
と。

□共済：mutual aid ／互助／ Tương trợ lẫn
nhau

□継続（する）：続く。

□満了（する）：有効な期間が終わること。

□転出（する）：別のところ（市など）に

住むために、今住んでいるところ（市
など）を出ること。

☞見舞金は交通事故にあった時のみに出
る。

Ⅸ　正解2

◀言葉と表現▶

□回想（する）：(to) reminisce ／怀旧／
Hồi tưởng lại

□切実（な）：serious ／切实／ Thiết thực

□即座に：immediately ／立刻／ Ngay lập
tức

Ⅹ　正解1

◀言葉と表現▶

□パッケージ：商品を包む物や商品の入
れ物など。

□遺伝子：gene ／遗传基因／ Gen

□組（み）換え：recombination ／转换／
Biến đổi, thay đổi

□メリット：merit; benefit ／好处／ Ưu
điểm

□耕作（する）：(to) cultivate ／耕作／
Canh tác ruộng

□不能：できないこと。

□はらむ：その中に持っていること。

□餓死（する）：(to) starve to death ／饿死
／ Chết đói

☞遺伝子組換え食品のよい点について書
かれている。

Ⅺ　問1　正解2　　問2　正解3

◀言葉と表現▶

□コブシを効かせる：掌に力を入れて踏
ん張らせる。

□伴奏（する）：(to) accompany ／伴奏／

Bè, đệm (nhạc)

□多大（な）：many ／多大／ Nhiều

□もたらす：そこに持ってくるようにする。

問2－4番「好きな英語の曲」とあるが、最後に「音楽を通して外国語を勉強する」とあるように、外国語全般を指していることに注意をする。

XII　問1　正解4　　　問2　正解4

◀言葉と表現▶

□野生動物：wild animal ／野生动物／ Thú hoang

□着用（する）：着ること。

□野良猫：stray cat ／野猫／ Mèo hoang

□潰す：crush ／挤碎／ Phá hỏng, làm hỏng, làm tan nát

□感染（する）：(to) infect ／感染／ Lây nhiễm

問1－4番（また）
前後どちらの文でもマダニ対策が書いてあるため。

問2－4番
「マダニの口を通して……病気に感染することがあることがある」と書いてあることから、病原菌があるといえる。

XIII　問1　正解2　　　問2　正解4

◀言葉と表現▶

□斬新（な）：new; novel ／崭新／ Mới mẻ, đột phá

□導入（する）：方法などを取り入れること。

□優先（する）：(to) prefer ／优先／ Ưu tiên

□視点：見方。

□廃止（する）：(to) repeal ／废止／ Hủy bỏ, bãi bỏ

□引き落とす：(to) repeal ／废止／ Hủy bỏ, bãi bỏ

□支え：support ／支持／ Hỗ trợ, chống đỡ (giúp ai đó)

問1－2番
文中に「私鉄のリーダー役として常に最新の話題を提供し続けている」とある。

XIV　問1　正解2　　　問2　正解3

◀言葉と表現▶

□流暢（な）：fluent ／流畅／ Lưu loát, trôi chảy

□操る：operate ／操纵／ Điều khiển

□一環：a part; a link ／一环／ Trong khuôn khổ, trong chuỗi (sự kiện, chính sách)

□おかまいなしに：何も気にしないで。

□つられる：（自分の前の人の発言や動きの）影響を受ける。

問1－2番
日本語を学ぶことについての文章であることを確認。「それにつられて……」とあり、話すスピードが速さについて表していることになる。

XV　問1　正解1　　　問2　正解3

◀言葉と表現▶

□盛り場：いつも人がたくさん集まってにぎやかな場所。

□玩具：おもちゃ。

□いじる：さわる。手に取る。

□繁華街：business district ／繁华街／ Khu phố phồng hoa náo nhiệt

□のどか（な）：tranquil ／悠闲／ Thong
　dong, yên ả
□ど真ん中：ちょうど真ん中。
□せわしない：忙しくて落ち着かない。
□行き交う：行き来する。

☞筆者にとって、ふるさとは人工的な環
境である。

XVI　問1　正解1　　問2　正解2
◀言葉と表現▶
□差：違い。
□感受性：sensitivity ／感受性／ Tính cảm
　thụ, khả năng cảm thụ
□有効（な）：effective ／有効／ Hữu hiệu

☞問2－2番
直前に「二人の演奏家が同じ曲を演奏す
るのを聴き比べるのは身近で有効な方法」
と書いてある。

XVII　問1　正解2　　問2　正解3
　　　問3　正解4
◀言葉と表現▶
□西欧：西ヨーロッパ。
□裕福（な）：prosperous ／富裕／ Giàu
　có, sung túc
□装飾（する）：(to) ornament ／装饰／
　Trang hoàng (nhà cửa), ăn mặc trang điểm
□王侯貴族：royalty and nobility ／王侯将
　相／ Quý tộc, người có dòng dõi cao quý
□宗教：religion ／宗教／ Tôn giáo
□難解（な）：難しく、わかりにくいこと。
□目をつける：関心を持ち、注意を向け
　ること。
□工芸品：handicraft ／工艺品／ Đồ thủ
　công mĩ nghệ

□手頃（な）：値段が高くなく、買いやす
　いこと。ほかに、大きさや重さが、持
　つのにちょうどいいこと、など。
□飛びつく：目の前に現れた欲しいもの
　や良い機会を得ようと、すぐに反応す
　る。

☞問1－2番
「手頃な値段とあって、皆が飛びついた。」
と書いてある。
☞問2－3番（ところが）
後に続く文が、市民が望んでいることと
は違うことを表すため。
☞問3－4番
「これまでの西欧（西洋）の美術では見ら
れない作品ばかりで……」と書いてある。

●●●●●●●●聴読解●●●●●●●●
ちょうどっかい

1番　正解２
ばん　せいかい

CD2　TRACK 1

男の人が自分の名前について説明して
おとこ ひと じぶん なまえ せつめい
います。男の人の名前の正しい漢字はど
おとこ ひと なまえ ただ かんじ
れですか。

男：僕の名前は、「ごとうひでさと」です。
おとこ ぼく なまえ
「ごとう」の「ご」は「一、二、三、
いち に さん
四、五」の「五」、漢数字の「五」です。
よん ご ご かんすうじ ご
「とう」は大島とか日本列島とかの
おおしま にっぽんれっとう
「○○島」の「島」の字、下の名前の
なになにじま しま じ した なまえ
「ひでさと」の「ひで」は「優秀」の
ゆうしゅう
「秀」、カタカナの「ノ」の下に「木
しゅう した き
」を書く「秀」の字です。「さと」は
か しゅう じ
「郷里」の「里」、よく間違えられる
きょうり り まちが
んですが、「故郷」の「郷」ではな
こきょう きょう
くて、音読みで「里」の字です。自
おんよ り じ じ
分では、「故郷」の「郷」を使った
ぶん こきょう きょう つか
名前の方がかっこいいなあと思ってい
なまえ ほう おも
るんですが、この名前も、まあまあ気
なまえ き
に入っています。
い

◀言葉と表現▶
ことば ひょうげん
□漢数字：漢字で書く数字。
かんすうじ かんじ か すうじ
□列島：island chain ／列島／ quần đảo
れっとう
□郷里：故郷。
きょうり こきょう
□音読み：漢字の「音」の読み方。⇔訓
おんよ かんじ おん よ かた くん
読み
よ

☝「さと」は「故郷」の「郷」ではなく、
こきょう きょう
音読みで「里」の漢字だと言っている。
おんよ り かんじ い

2番　正解１
ばん　せいかい

CD2　TRACK 2

男の人と女の人が、遊園地の案内を見
おとこ ひと おんな ひと ゆうえんち あんない み
ながら、遊ぶ場所の順番について話して
あそ ばしょ じゅんばん はな
います。正しい順番はどれですか。
ただ じゅんばん

男：さすがに東京アドベンチャーランドは
おとこ とうきょう
広いね。どこから回ろうか。
ひろ まわ
女：そうね。全部で７つ、やっぱり入口に
おんな ぜんぶ いりぐち
近いところから回っていったほうがい
ちか まわ
いんじゃない？
男：ビッグムーブって例の人気の乗り物
おとこ れい にんき の もの
は、この「どきどきランド」にあるら
しいよ。
女：そうねえ……。でも、ビッグムーブは、
おんな
最後に取っときたいような気がするけ
さいご と き
ど。
男：そっか。じゃ、「わくわくランド」か
おとこ
ら行こうか。
い
女：うん。それで、終わったら隣に行って
おんな お となり い
……。
男：そうだね。それから、こっちに行って
おとこ い
みない？「ゆめゆめランド」で花火
はなび
があるらしいから。
女：わかった。じゃ、「ゆめゆめランド」
おんな
で花火を見て、それから、こっち？
はなび み
男：うん。でも、花火が終わって１時間く
おとこ はなび お じかん
らいしたら、閉園時間になると思うよ。
へいえん じかん おも
その前にビッグムーブに乗らない？
まえ の
女：そうね、そうしましょう。
おんな

◀言葉と表現▶
ことば ひょうげん
□回る：順々に決まった場所などに行く。
まわ じゅんじゅん き ばしょ い
□取っておく：大切なものとして、または、
と たいせつ
楽しみに、残しておく。
たの のこ
□閉園：遊園地などが閉まること。
へいえん ゆうえんち し

☝「どきどきランド」は乗りたい「ビック
の
ムーブ」があるため、最後に行く。
さいご い

3番　正解3　

二人が時刻表を見ながら話しています。二人はどの新幹線にしましたか。

女：ねえ、夏の合宿のことだけど、先生の行き帰りの列車の手配はどうする？

男：うん。行きは僕の車で一緒に行ってくださるからいいんだけど、帰りはどうしても日曜日中に東京に帰りたいとおっしゃってるんだ。

女：そうすると、この「こだま」はどう？熱海から乗れるし。

男：うん。それでもいいけど、こっちもいいと思うんだ。

女：でも、矢印があるのはその駅に止まらないってことでしょ？これだと熱海からは……。

男：ところが、小田原まで普通電車で行って、そこから、この「ひかり」に乗り換えられるんだよ。乗り換え時間も8分で、ちょうどいいと思う。

女：なるほど、そういう方法もあるんだ。こっちの「こだま」は最終日のコンパの予定が9時過ぎまでだから、ちょっと間に合いそうにないし、これは熱海に止まらないしね。

男：うん。熱海の1つ前の三島に止まる「ひかり」なんだけど、そこまで戻るとやっぱり時間のロスになるしね。

女：うん。じゃ、この新幹線にしよう。

◀ 言葉と表現 ▶

□合宿（する）：(to) lodge together ／集训／ trại huấn luyện

□列車：train ／列車／ tàu (hoả, điện..)

□手配（する）：(to) arrange for ／安排／ chuẩn bị, bố trí

□こだま（号）：新幹線の種類の一つ。停車駅が最も多く、その分、料金も安い。

□矢印：(to) arrange for ／安排／ chuẩn bị, bố trí

□ひかり（号）：新幹線の種類の一つで、一般的、代表的なもの。

□ロス：失うこと。むだにすること。

🔊 男子学生は、小田原まで普通電車で行き、そこから乗り換えられるひかり号があると言っている。

4番　正解4　

女の人が不動産屋で部屋を探しています。不動産屋の話をメモしていますが、間違って書いたところはどこですか。

　ご希望の物件ですが、現在、こちらでいろいろなタイプのものをご紹介できます。まず、場所ですが、西山2丁目から3丁目にかけてたくさんあります。この辺は家賃6万円台の物件が最も多くて、7万円ですと2LDKもあります。他の料金ですが、管理費が必要になる場合が多く、2000円から5000円くらいのところが多いです。また、部屋の間取りですが、6万円前半のものは1LDKのタイプが多くなりますが、バスとトイレはどのタイプの部屋にもございます。それから、基本的にご契約いただいた方以外はそこに住むことはできません。また、ペットも基本的にお断りしておりますが、ピアノは日中から夜8時ぐらいまでは弾けるところが多いです。それから、女性専用マンションの場合、男性のお友達やご家族も中に入れませんので、ご了承ください。

◀ 言葉と表現 ▶

□不動産屋：real estate agent ／不动产店

46

／văn phòng bất động sản

□物件：property; article ／房屋中介／
ngôi nhà, căn phòng

□タイプ：type ／类型／ kiểu

□間取り：home layout ／房间构造／ bố trí
căn phòng

□契約（する）：(to) sign a contract ／签约
／ (ký) hợp đồng

□専用：dedicated ／专用／ chuyên dụng

☞ピアノは日中から夜8時ぐらいまでは
弾けるところが多いと言っている。

5番　正解1 ── CD2 TRACK 5

男の人と女の人が話しています。二人はどのコンサートに行くことにしましたか。

女：ねえ、25日に、違うホールで4つの
コンサートがあるんだけど、どれかに
行かない？　これ、そのプログラムな
んだけど。

男：うわー、いろいろあるんだねー。知ら
ない曲が多いけど、このチャイコフス
キーの曲は、コマーシャルになってる
のを聴いたことがあるから知ってる
よ。

女：結構メロディーは有名だからね。この
ブラームスの曲も聴いたことがあるん
じゃないかしら。

男：そうだね。あれ？　でも、こっちのプ
ログラムは4曲もあるのに、こっちは
2曲しかないよ。

女：それは曲の演奏時間によるからよ。な
んとか9番って曲はみんな長いみたい
ね。

男：ぼくはバレエ音楽が聴いてみたいな

あ。ああ……こっちにバレエ音楽があ
るね。でも、こっちは僕が好きな曲が
ある。みんなよさそうだけど、聴いた
ことがある曲が1つあるとうれしいよ
ね。

女：そうねえ。それから、私は交響曲だ
けじゃなくて、ピアノの曲も聴いてみ
たいな。

男：じゃ、バレエ音楽とピアノの曲が両方
あるこれにしない？

女：そうね、そうしましょう。

◀言葉と表現▶

□プログラム：program ／程序／ chương
trình

□コマーシャル：commercial ／电视广告
／ quảng cáo

□メロディー：melody ／旋律／ giai điệu

□バレエ：ballet ／芭蕾／ ba lê

□交響曲：symphony ／交响曲／ khúc
giao hưởng

☞男の人はバレエ曲、女の人はピアノ曲
が聴きたいと言っている。

6番　正解2 ── CD2 TRACK 6

テレビ番組でお菓子の作り方を説明しています。説明の内容と合っている正しいものはどれですか。

えー、このクッキーは完成すると、かわ
いらしい小さな家の形をしたクッキーにな
ります。まず、家の1階部分を作ります。
粉をこねて四角形にします。次に2階部分
を作りますが、このときに屋根を正三角形
にしておくと、仕上がりの形がよくなりま
す。また、煙突の部分は、幅を広くしてお

くと、焼いたときにひびが入りにくくなって、きれいに仕上がります。最後に、1階と2階の窓に当たる部分を四角くくり抜けば、クッキーの土台が完成します。

◀言葉と表現▶

□かわいらしい：愛すべき、かわいい、大事にしたいと感じさせる。

□粉：powder; flour ／粉／ bột

□こねる：粉や土などに水を加えて混ぜ、いい状態にする。

□四角形：quadrilateral ／四角形／ hình tứ giác

□正三角形：equilateral triangle ／正三角形／ hình tam giác đều

□仕上がり：finish, doneness ／完工，做好／ hoàn thành, khâu cuối cùng

□煙突：chimney ／烟筒／ ống khói

□幅：width ／宽／ chiều rộng

□ひび：crack ／裂缝／ vết nứt

□仕上がる：to finish ／做好／ hoàn thành

□くり抜く：to carve out ／割去、玩掉／ cắt (bằng khuôn)

□土台：foundation ／地基／ nền tảng, cơ sở

☞「屋根を正三角形」に、「煙突の部分を幅を広くしておいたほうがいい」と言っている。

7番　正解1 

大学の掲示版を見ながら、男子学生と女子学生が話しています。男子学生はどのアルバイトに応募することにしましたか。

男子学生：夏休みに、アルバイトをしよう

と思ってるんだけど、どれがいいかなあ。

女子学生：うん、いろいろあるね。

男子学生：これなんか、おしゃれなバイトで時給も高いし、いいな。まあ、ぼくには関係ないけど。

女子学生：じゃあ、こっちは？　これも時給が高いし、男子にちょうどいいんじゃない？

男子学生：でも、まだ免許、持ってないんだ。この隣の仕事もよさそうだけど、長期希望か……。夏休みだけだから、長期となるとだめかなあ。

女子学生：相談してみたら？　だって希望なんだから、長期じゃないと絶対だめってことでもないと思うよ。

男子学生：そうだな。こっちより時給も高いし、じゃ、ここに連絡を取ってみるよ。

◀言葉と表現▶

□可：いい、できる、ＯＫなどの意味を表す。

□条件：conditions ／条件／ điều kiện

□免許：license; permit ／执照／ chứng chỉ

□荷造り：荷物にすること

□宛名：name of addressee ／收件人／ tên người nhận

☞女子学生は、長期希望でも相談してみたらと言っている。

8番　正解4

先生が講義で説明しています。男子学生が間違って書いたところはどこですか。

トンネルの掘り方は、大きく分けて4つあります。従来からある一般的なものはオープンカット工法と呼ばれるもので、これは下の部分から上の部分へ堀り、そして、前へと掘り進めていくものです。この方法は、山などの地盤の固いところを掘るのに適しています。

次に、現在、地下鉄の工事で最も一般的なものになっているシールド工法と言われるものがあります。これは、まず、トンネルの上に当たる部分を三日月状に掘り、掘ったところから徐々に下に掘り進めて、円形のトンネルを作るというものです。これは、都市部などで地盤が軟らかく、オープンカット工法が採用できないところを掘るのに適しています。

3つ目に、キーエレメント工法と言われるものがあります。これは、海底トンネルの建設の際、水底からトンネルまでの深さを測ることができず、シールド工法が採用できない部分でよく使われます。エレメントと呼ばれるコンクリート製の大きな箱を工場で作り、それを船で現場に運んで水底に沈め、そのエレメントをつなげる形でトンネルを作っていきます。

最後に、ケーソン工法と言われるものがあります。これは、水中に作業用の大きなエレメントを沈め、その中でトンネル工事を進めるもので、エレメント工法に似ていますが、箱の中でトンネル工事の作業をするという点が異なります。

◀**言葉と表現**▶

□工法：construction method ／工法／phương pháp xây dựng

□従来：traditional ／历来／ từ trước đến nay

□掘る：dig ／挖／ đào

□地盤：foundation ／地盘／ nền đất

□三日月：new moon ／月牙月亮／ trăng non

□〜状：〜の形をしていること。〜の状態であること。

□徐々に：ゆっくりと、少しずつ（変化している様子）。

□軟らかい：soft ／柔软／ mềm

□採用（する）：(to) adopt; (to) employ ／采用／ chọn tuyển

□沈める：sink ／沉入／ chìm

✍ 最後に、ケーソン工法も箱の中で工事をすると言っている。

9番　正解3

お客さんと運転手が話しています。タクシーの行き先はどこですか。

運転手：どちらへ行かれますか。

お　客：すみません。えーっと、真っすぐ行って信号を左、その次の信号を右、そして突き当たりを左、あとは道沿いに小学校の横の道を行ってください。

運転手：かしこまりました。

✍ 突き当たりを左に行った後は、道沿いに行ってくださいと言っている。

> **男子学生と女子学生が話しています。女子学生の週末の予定の正しい順番はどれですか。**

男子学生：松本さん、今度の週末は予定ある？

女子学生：うん。今週の土、日はちょっと忙しくて、土曜のお昼にピアノのレッスンがあるんだけど、その前に、次のレッスンの曲を聴いておかないといけなくて。レッスンが終わって家に帰ったら、月曜がおばあさんの誕生日だから、その日のうちにお祝いの手紙を書くつもり。

男子学生：ふーん。

女子学生：日曜は、午後から「絵の描き方」っていう趣味の教室が始まるから、それに行って絵を描く。

男子学生：ねえ、その前に一緒にカラオケか映画に行かない？　実は両方、無料券を持ってて……。

女子学生：そうねえ……。絵を描く前にちょっと休みたい気もするけど、体を動かせば、逆にいいアイディアも出るかな。

男子学生：じゃ、映画を見るってことで。日曜の11時に大学行きのバス停の前で待ってるよ。

女子学生：わかった。

◀**言葉と表現**▶

□レッスン：lesson ／授课／ buổi học, giờ học

□体を動かす：（座ったり寝たりした状態に対して）運動になるようなことをする。

☞女子学生は男子学生からの誘いで、絵を描く前に映画を見に行く。

> **アパートを借りるため、男子学生が女子学生に相談しています。この男子学生はどのアパートを借りることにしますか。**

男子学生：来年3月に寮を出なくちゃならないんで、アパートを探しているんだけど。

女子学生：どんな部屋がいいの？

男子学生：そりゃ、安くて広いところがいいけど。

女子学生：そういう所って、あることはあるけど、駅から遠くて不便だったりするのよね。

男子学生：うん、駅に近いところはやっぱり家賃が高いよ。ぼく、そんなに払えないよ。

女子学生：確かに、お金がなくちゃね。あと、日当たりも大事よ。北向きの部屋は暗くて寒いから。

男子学生：そうか。じゃ、日当たりがよければ、ちょっと高くても目をつぶるか。

◀**言葉と表現**▶

□日当たり：日光が当たる、入ること。

☞女子学生は男子学生にアドバイスし、日当たりが大事だと言っている。男子学生は「ちょっと高くても目をつぶる」と言っている。

12番　正解2 

男子学生と女子学生が話しています。
男子学生はどのクラスを取ることにしましたか。

男子学生：ぼくさー、英会話に通おうと思ってるんだ。来年、カナダに短期留学したいと思ってさあ。

女子学生：いいなあ。どこの英会話に通うの？

男子学生：昨日、駅前のABCカルチャースクールで事前のクラス分けテストを受けてきたんだ。

女子学生：へえ。どんなクラスがあるの？

男子学生：クラスはテストの成績によって7段階に分かれてるんだけど、ぼくは中級のクラスに入るように言われたんだ。

女子学生：中級のクラスは何曜日にあるの？

男子学生：月曜日と木曜日の昼間と火曜日の夜間クラスがあるんだ。

女子学生：結構たくさんクラスがあるんだね。

男子学生：一クラス5人ぐらいの少人数制らしいよ。中級クラスの上が「中級から上級」っていうクラスらしいんだけど、できれば、そのクラスに入りたいんだけどな。

女子学生：でも、中級のクラスが一番合ってるって言われたんでしょ？　そのクラスから試してみて、簡単だったら、その上のクラスに入れてもらえるんじゃないの？

男子学生：うん、係の人からもそう言われ

たよ。それに、先生との相性っていうのもあるしね。

女子学生：まずは何回か通ってみたほうがいいわね。昼間は大学があるから、夜、行くんでしょ？

男子学生：うん、そのつもり。だから、バイトも一日休まなくっちゃいけないと思ってるんだ。

◀言葉と表現▶

□夜間：夜の時間。

□少人数制：少ない人数で行うやり方。

□相性：性格や好みが合うかどうか、ということ。

□中級：intermediate level ／中級／ trung cấp

男子学生は夜の英会話クラスに通おうと考えているが、彼は事前のクラス分けテストで中級クラスに入ることをすすめられている。

1番　正解4
ばん　せいかい

CD2 TRACK 13

教室で先生が講義をしています。講義の内容に合っているものはどれですか。
きょうしつ　せんせい　こうぎ　こう　ぎ　ないよう　あ

えー、サービスというと、一見、お金がかからないもののように思えますが、サービスほど高いものはありません。まだ歴史が新しい介護サービスというものも、無料奉仕、ボランティアということではなく、むしろ、全く反対の概念といっていいわけです。サービスセンターとか、サービス料など、いわゆる「サービス」という言葉が付くものは、どれも有料なんだということです。セルフサービスは、自分でサービスをするから、お金がかからないということです。サービスというものは、私たちにとって常に都合がいいものとは言えないわけです。

講義の内容に合っているものはどれですか。
こうぎ　ないよう　あ

1　サービスは無料で受けられるもので、ありがたい。
むりょう　う

2　サービスは無料で受けられないものだが、ありがたい。
むりょう　う

3　サービスは本当の意味で無料にすべきものだ。
ほんとう　いみ　むりょう

4　サービスは本当の意味で無料というものではない。
ほんとう　いみ　むりょう

◀言葉と表現▶
ことば　ひょうげん

□介護（する）：(to) care for ／护理／
かいご
chăm sóc người gia hoặc người bệnh

□奉仕（する）：(to) serve ／奉献／ phục
ほうし
vụ

□概念：concept ／概念／ khái niệm
がいねん

☞最後に、サービスは私たちにとって常に都合のいいものとは言えないと言っている。
わたし　つね　つごう　い　い

2番　正解3
ばん　せいかい

CD2 TRACK 14

男の人が講演会で講義をしています。講演会のテーマとなるものはどれですか。
おとこ　ひと　こうえんかい　こうぎ
こうえんかい

「東京」という言葉は、よく東京が京都の東にあることからそう言われたのが始まりと思われていますが、これは正確ではありません。本当は昔、古代中国の都が長安からその東にある洛陽に移った時、新しい都が「東京」と呼ばれたのが最初のようです。中国語でどんな発音になるのかはわかりませんが。
とうきょう　ことば　とうきょう　きょうと
ひがし　い　はじ
ほんとう　むかし　こだいちゅうごく　みやこ　ちょう
あん　ひがし　らくよう　うつ　とき　あたら
みやこ　とうきょう　よ　さいしょ
ちゅうごく　ご　はつおん

大阪についても、おもしろい話があります。よく大阪には食事の店が多いために、「食い倒れの街」なんて言われます。ですが、これも違います。大阪は水路の多いところですが、昔、その水路にいくら杭を立ててても、水の勢いの方が強くてすぐに倒れてしまいました。そこから来た言葉なんです。
おおさか　はなし
おおさか　しょくじ　みせ　おお
く　だお　まち
ちが　おおさか　すいろ　おお
むかし　すいろ　くい　た
みず　いきお　ほう　つよ　たお
き　ことば

講演会のテーマとなるものはどれですか。
こうえんかい

1　東京と大阪の噂
とうきょう　おおさか　うわさ

2　東京と大阪の今
とうきょう　おおさか　いま

3　東京と大阪の歴史
とうきょう　おおさか　れきし

4　東京と大阪の流行
とうきょう　おおさか　りゅうこう

◀言葉と表現▶
ことば　ひょうげん

□水路：waterway ／水路／ kênh
すいろ

□杭：stake ／桩子／ cọc
くい

□勢い：force ／势力／ sức mạnh
いきお

52

3番　正解2  TRACK 15

案内の人が博物館の説明をしています。館内博物館の中でしてはいけないことは何ですか。

この博物館は、大きく分けて、建物の中にある館内博物館と建物の外にある野外博物館とに分かれます。館内博物館、野外博物館ともに、靴のままで入館してください。ところどころにいすがありますが、これは休憩用のものですので、自由にお座りください。また、自動販売機もありますが、館内では飲み物はかまいませんが、食べ物はご遠慮くださるようお願いいたします。飲み物類はいすに座ってお飲みください。なお、撮影は、館内博物館ではフラッシュは使わないようにお願いいたします。以上、簡単にご説明しましたが、ご質問はございませんか。

館内博物館の中でしてはいけないことは何ですか。

1　ジュースを飲むこと
2　食べ物を食べること
3　写真を撮ること
4　土足で中に入ること

◀言葉と表現▶

□館内：建物の中。　※特に美術館・図書館・映画館など「〜館」とされる建物について使われる。

□休憩（する）：何かをしている途中で、少し休むこと。

□遠慮（する）：（相手や周りのことを考えて）それをしないこと。

□〜類：〜や〜と同じような種類のもの。

□土足：靴をはいたままの状態（また、その足）。

（答）館内博物館はフラッシュを使わなければ撮影ができる。

4番　正解2  TRACK 16

男の人と女の人が話しています。男の人はどんな方法で時計を買うことにしましたか。

女の人：ねえ、前からよく話してた時計、買うことにしたの？

男の人：うーん、どうしようか、まだ迷ってんだけど。

女の人：だからさあ、高いっていったって、いつまで悩んでてもしょうがないじゃない。早く決めたほうがいいんじゃない？

男の人：そうだなあ。

女の人：6万円台なら、カードで払えないの？

男の人：でも、カード払いにすると、後で毎月の支払いがきつくなるかも。

女の人：じゃあ、一部を現金で払うっていうのは？

男の人：なるほど、そういう手もあるか。分割は利息がつくけど、あんまり払いたくないからね。じゃ、そのやり方にするよ。

男の人はどんな方法で時計を買うことにしましたか。

1　その場で、現金で
2　一部を現金、残りをカードで
3　一度にまとめて、カードで
4　何回かに分けて、カードで

◀言葉と表現▶

□いつまで〜てもしょうがない：no point in 〜ing forever／到什么时候〜也没办法。

／cứ mãi 〜 cũng chẳng được gì nữa

□分割（する）：(to) divide ／分期／ phân chia

□利息：interest ／利息／ lãi

男の人は、一部をカードで、一部を現金で、という女の人の案に従っている。

5番　正解1 ──────── CD2 TRACK 17

先生が課題の提出方法について説明しています。研修留学をする学生は、課題をどのようにして提出しますか。

えー、この授業の課題ですが、国際協力のあり方について、Ａ４サイズの用紙で3枚から5枚までに書いてもらいます。手書きでもワープロでも、かまいません。提出の方法ですが、授業の最終日に提出するのではなく、来月の6日から10日までの期間に、大学1階の事務室の窓口に提出してください。メール、ＦＡＸ、郵送では受け付けません。また、この期間に研修留学などで提出することができない人については、個別に相談を受けますので、この授業が終わったら、私のところまで来てください。それ以外の人については、先ほど言った方法で提出してください。

研修留学をする学生は、課題をどのようにして提出しますか。

1　先生と相談して提出方法を決める。
2　先生に直接提出する。
3　事務室の窓口に提出する。
4　メール、ＦＡＸ、郵送のいずれかで提出する。

◀言葉と表現▶
□Ａ４：紙のサイズの一つ。最もよく使われるもの。

□手書き：handwriting ／手写／ viết tay
□ワープロ：word processor ／不是手写，是打印的文字／ đánh máy
□個別：一人ひとり別であること。一つひとつ別であること。

普通の学生と研修留学をする学生とでは、課題の提出方法が異なる。

6番　正解1 ──────── CD2 TRACK 18

先生が教室で講義をしています。昔からあるお寺や神社が地震によって壊れなかったのはなぜだと言っていますか。

最近の日本は地震が多くなってきているとよく言われますが、古来、日本は島国で地震国と呼ばれていたほど、周辺諸国に比べて地震はよく起こっていました。にもかかわらず、お寺や神社などの昔からある建物が倒れなかったのは、建物自体を頑丈に建てたからではなく、地震の揺れに対して建物が柔軟に対応するように建てたからです。つまり、地震の震度が大きくなるにつれて、建物が大きく揺れる構造になっているわけです。地震の少ない大陸でときどき大きな被害が出るのは、建物や道路などの多くが地震を想定していないことに加え、建物自体が揺れないように建てられていることにも一因があるわけです。

昔からあるお寺や神社が地震によって壊れなかったのはなぜだと言っていますか。

1　建物が揺れる仕組みになっているから
2　建物が揺れない仕組みになっているから

54

3　建物を頑丈に建てたから
4　建物を地震を想定せずに建てたから

◀言葉と表現▶

□島国：海に囲まれた国。

□諸国：多くの国。いろいろな国。

□頑丈（な）：firm ／结实／ bền vững

□柔軟に：flexibly ／柔软／ mềm dẻo

□対応（する）：(to) deal with ／对应／ đối ứng

□構造：construction ／构造／ cấu trúc

☞地震の揺れに対して、建物が柔軟に対応するように建てられたと言っている。

7番　正解2 ——— CD2 TRACK 19

先生が教室で講義をしています。お酒を飲んだ後に水を飲むのがいい一番の理由は何だと言っていますか。

よく、お酒に酔ったときは、果物やはちみつなどの糖分をとるのがいいと言いますが、これは正しいです。特に果物に含まれる糖分には、胃や腸がアルコールを吸収するのを抑える効果があります。また、酔った後に水を飲むのがいいのは、胃や腸がアルコールを吸収するのを抑えることになり、お酒を飲んだことで速くなった血液の循環を正常な速さに戻す働きをするからです。

また、お酒を飲んだ後は脱水症状が見られるから水を飲むのだ、というようなこともよく言われますが、これは違います。水を飲むことは、胃や腸の機能の低下を抑える効果もありますが、これについては、糖分を取ったほうがより効果的です。

お酒を飲んだ後に水を飲むのがいい一

番の理由は何だと言っていますか。
1　胃や腸がアルコールを吸収するのを抑える効果があるから
2　速くなった血液の循環を元に戻す効果があるから
3　お酒を飲んだ後の脱水症状を軽くする効果があるから
4　胃や腸の機能の低下を抑える効果があるから

◀言葉と表現▶

□はちみつ：honey ／蜂蜜／ mật ong

□糖分：sugar content ／糖分／ lượng đường

□腸：intestines ／肠／ ruột

□吸収（する）：(to) absorb ／吸收／ hấp thụ

□循環（する）：(to) circulate ／循环／ tuần hoàn

□正常（な）：normal; regular ／正常／ bình thường

□脱水症状：dehydration ／脱水症状／ thiếu nước

□低下（する）：decline ／低下／ suy giảm

☞飲酒後の水は、血液の循環を正常な速さに戻す働きをすると言っている。

8番　正解3 ——— CD2 TRACK 20

男の人が話しています。男の人はどんなことに最もイライラしていますか。

最近、何がイライラするって、簡単にできるものをわざわざ難しくしてサービスをすることです。この前、高速バスに乗った時は、すぐに乗れるのに、わざわざ窓口で切符を買うように言われ、銀行に行った時

**男の人はどんなことに最もイライラし
ていますか。**

1　カードの方が簡単なのに、切符を買
わされること
2　番号カードを持たされて、待たされ
ること
3　簡単にできることを難しくしてサー
ビスすること
4　サービスをしたくないことがわかる
こと

◀言葉と表現▶
□わざわざ〜する：especially 〜／特意 V
／ mất công 〜

9番　正解1 

**案内の内容と合っているものはどれで
すか。**

1　このキャンペーンは、全員にプレゼ
ントが当たる。
2　このキャンペーンは、一人1回だけ
応募できる。
3　このキャンペーンは、専用はがきだ
けで応募できる。
4　このキャンペーンは、誰でも応募で
きる。

◀言葉と表現▶
□宛て先：address ／邮寄地址／ địa chỉ
người nhận
□店頭：店の中で、商品が置かれている
ところ。店先。

☝「もれなく」は、全員に当たることを
意味する。

10番　正解4 

女子学生：えー、そうだったのー。大丈夫？

男子学生：うん、僕は子どもの頃からぜんそくがあってね。呼吸が苦しくなって、倒れちゃったんだ。今はかなりよくなったよ。

女子学生：そう、よかったね。

男子学生：入院する前には、財布をなくすし、家へ戻ってからはすぐに風邪をひくし、このところ、なんだかついてないんだ。

女子学生：悪いことって重なるんだよね。岡田君も忙しすぎて疲れがたまってたんじゃない？

男子学生：それもあるかもしれないけど、最近、自分の趣味とかを全然していないからなんじゃないかなって思うんだ。確かに休みだからアルバイトも多くやってたし、サークルも合宿があって、忙しかったけどね。

男子学生は、よくないことが起こる原因は何だと言っていますか。

1　アルバイトをやり過ぎたからです。

2　サークルで合宿があったからです。

3　疲れていたからです。

4　好きなことをしていないからです。

◀言葉と表現▶

□呼吸（する）：(to) breathe ／呼吸／ hô hấp

□たまる：accumulate ／积満／ đọng lại, dồn lại

☝男子学生は、最後に「最近、自分の趣

味とかを全然していないからなんじゃないかって思う」と言っている。

11番　正解3 

男子学生と女子学生が話しています。男子学生が最も驚いたことは何ですか。

男子学生：この前、新しくできた新東京パーク温泉に行って来たんだ。

女子学生：そう。どんな感じだった？

男子学生：中のお風呂が3つ、露天風呂が1つあって、びっくりしたのは、3つのお風呂は温度が微妙に違っていたんだよ。

女子学生：ふーん。

男子学生：でも、あとでパンフレットを見てもっとびっくりしたけど、男の人のお風呂より女の人のお風呂の方が広く作ってあることだな。今、女性の利用客の方が多いからなんだって。さすがだよね。

女子学生：へえ、そうなんだ。

男子学生：ああ、あと、お風呂から出て買い物や食事をするときに、全部カードキーを使って最後に精算するってシステムも、感心したけどね。

女子学生：なるほど。それを聞いて、私も行ってみたくなった。

男子学生が最も驚いたことは何ですか。

1　お風呂が全部で4つあること

2　中にある3つのお風呂の温度が微妙に違うこと

3　男のお風呂より女のお風呂のほうが広いこと

4　会計が全部カードでできること

◀言葉と表現▶

□露天：open-air ／露天／ lộ thiên

□微妙（な）：subtle ／微妙的／ khó nói, nhạy cảm tế nhị

□カードキー：カードの形をしたかぎ。

□精算（する）：(to) calculate ／精算／ thanh toán

□システム：system ／系統／ hệ thống

☞男の人がもっとびっくりしたことは、男性用のお風呂よりも女性用のお風呂が広いこと。

12番　正解2  TRACK 24

先生が教室で講義をしています。「ピジン」とは何ですか。

アメリカの西海岸にある代表的な大都市は、ロサンゼルスとサンフランシスコですが、この2つの都市の名前は、元々、「女神」を表す「エンジェル」と「フランシス」という、スペイン語の人名から来たものでした。この、スペイン語が変形して英語になったというような、いわば、ある言語が壊れて部分的に簡単になったようなものを「ピジン」と言います。

似た言葉に「ピジン・クレオール」がありますが、これは、そのように部分的に簡単になった言葉が、その国の言葉になったものです。「ラスベガス」という語もスペイン語からのピジンで「大草原」の意味ですが、アメリカの西海岸には、このように早くからスペイン系の人が移り住んで、英語に影響を与えていることがわかります。

「ピジン」とは何ですか。

1　スペイン語が変形して英語になった

もの

2　ある言語が壊れる形で部分的に簡単になったもの

3　部分的に簡単になった言葉が、その国の言葉になったもの

4　早くから移り住んだ人によって、その地域の言葉に影響を与えるもの

◀言葉と表現▶

□いわば：in other words ／可以这么说／ có thể nói như là …

☞「ピジン」は部分的に簡単になったもの、「ピジン・クレオール」はその国の言葉になったもの。

13番　正解4  TRACK 25

先生が講義で説明しています。講義の内容と合っているものはどれですか。

音楽には、クラシック、ジャズ、ポピュラー音楽などの種類がありますが、基本的にこれらの3つは、15世紀のクラシックの大作曲家バッハが作った平均律という音の規則をもとに作られています。これに対し、日本の古典音楽や世界各国の民族音楽などは、平均律によらない音楽で、平均律が12の音階で構成されているのに対し、不協和音と呼ばれる自由な音も作り出せます。音楽は、この平均律を持った音楽か、そうでない音楽かで大きく分けることができます。

講義の内容と合っているものはどれですか。

1　クラシックとジャズは別の音楽である。

2　歌舞伎の音楽と民族音楽は別の音楽である。

3　クラシックと民族音楽は違う音楽である。

4　クラシックとジャズは同じ音楽である。

◀言葉と表現▶

□ポピュラー：popular ／流行／ phổ biến

□作曲（する）：(to) compose ／作曲／ sáng tác âm nhạc

□平均：average ／平均／ trung bình

□民族：people; race ／民族／ dân tộc

□音階：音楽に使われる音を高さの順に並べたもの。

□構成（する）：(to) organize ／構成／ cấu trành

□不協和音：dissonance ／不諧和／ hợp âm không chuẩn

14番　正解1 

女子学生が病院で話しています。女子学生は、今度いつ病院に行きますか。

女子学生：健康診断書が必要なんですが、これをもとに出していただけませんか。3カ月前にここで受けた時のものです。

受　付：ああ……これはちょっと古いですね。もう一度、健康診断を受けてもらわないと。健康診断書はいつ必要ですか。

女子学生：来週の木曜日までにいただきたいんですが……。

受　付：来週の火曜日の午前8時45分にもう一度来られますか。

女子学生：はい、大丈夫です。

受　付：では、その時に必要な検査をしましょう。

女子学生：あのう、健康診断書は木曜日の午前中にもらえますか。

受　付：ええ。午前でも午後でも、いらっしゃった時にお渡しできます。

女子学生：ありがとうございました。

女子学生は、今度いつ病院に行きますか。

1　火曜日の午前

2　火曜日の午後

3　木曜日の午前

4　木曜日の午後

◀言葉と表現▶

□診断（する）：(to) diagnose ／診断／ chẩn đoán

□健康診断書：health certificate ／健康診断書／ giấy khám sức khoẻ

☞女子学生は木曜日までに健康診断書が必要で、火曜日は都合がいい。

15番　正解2 

先生が講義で説明しています。説明の内容と合っているものはどれですか。

地下水は、最初から地下に存在しているものではなく、主に雨水が地中の土や砂を浸透することによってできるものです。都市部では、コンクリートやアスファルトの舗装によって、雨水を地中にろ過する機能が失われ、水が地中に浸透することなく、近くの海に流れ着くことになります。これをホートン地表水といいます。森林などでも雨量の多いときに見られ、土壌の浸食などを引き起こします。実際、この水が水流を作る影響は深刻で、都市部では、地

下水がほとんどできなくなっていることと
ともに、地盤が沈む原因になっています。
　今後は、都市部で少しでも雨水が地中に
浸透できるように、表面に土を残しておく
ことが重要です。土の浄化力はすごいもの
で、皆さんも、自宅で牛乳パックなどに、
小石や砂利、枯れ葉などを詰めて、そこに
ゆっくり泥水を注ぐと、下からきれいな水
が出ます。これが地下水の原理になるもの
です。

説明の内容と合っているものはどれですか。

1　ビルの下でも、土があれば地下水ができる。

2　都市部の地下水は、今後、作り方を改善したほうがいい。

3　地下水の多くは地表に出て海に流れ着く。

4　地下水を使うことで地中の土砂が崩れていく。

◀言葉と表現▶

□コンクリート：concrete ／混凝土／ bê tông

□アスファルト：asphalt ／沥青／ nhựa đường

□舗装（する）：(to) pave ／铺装／ lát, lót

□ろ過（する）：(to) filter ／过滤／ lọc

□浸透（する）：(to) permeate ／浸透／ thẩm thấu

□地表：the surface ／地表／ mặt đất

□土壌：soil ／土壌／ thổ nhưỡng

□浸食（する）：(to) corrode ／糜烂／ xâm thực

□地盤：foundation ／地盘／ nền đất

□浄化力：purification ability ／净化力／

hiệu quả làm sạch

□砂利：gravel ／沙砾／ sỏi

□枯れ葉：dead leaf ／枯叶／ lá khô

□詰める：to put together ／填、塞／ nhét

☞先生は、都市部の地下水が枯れている現状を述べている。

模擬試験　解答用紙

【記述問題】

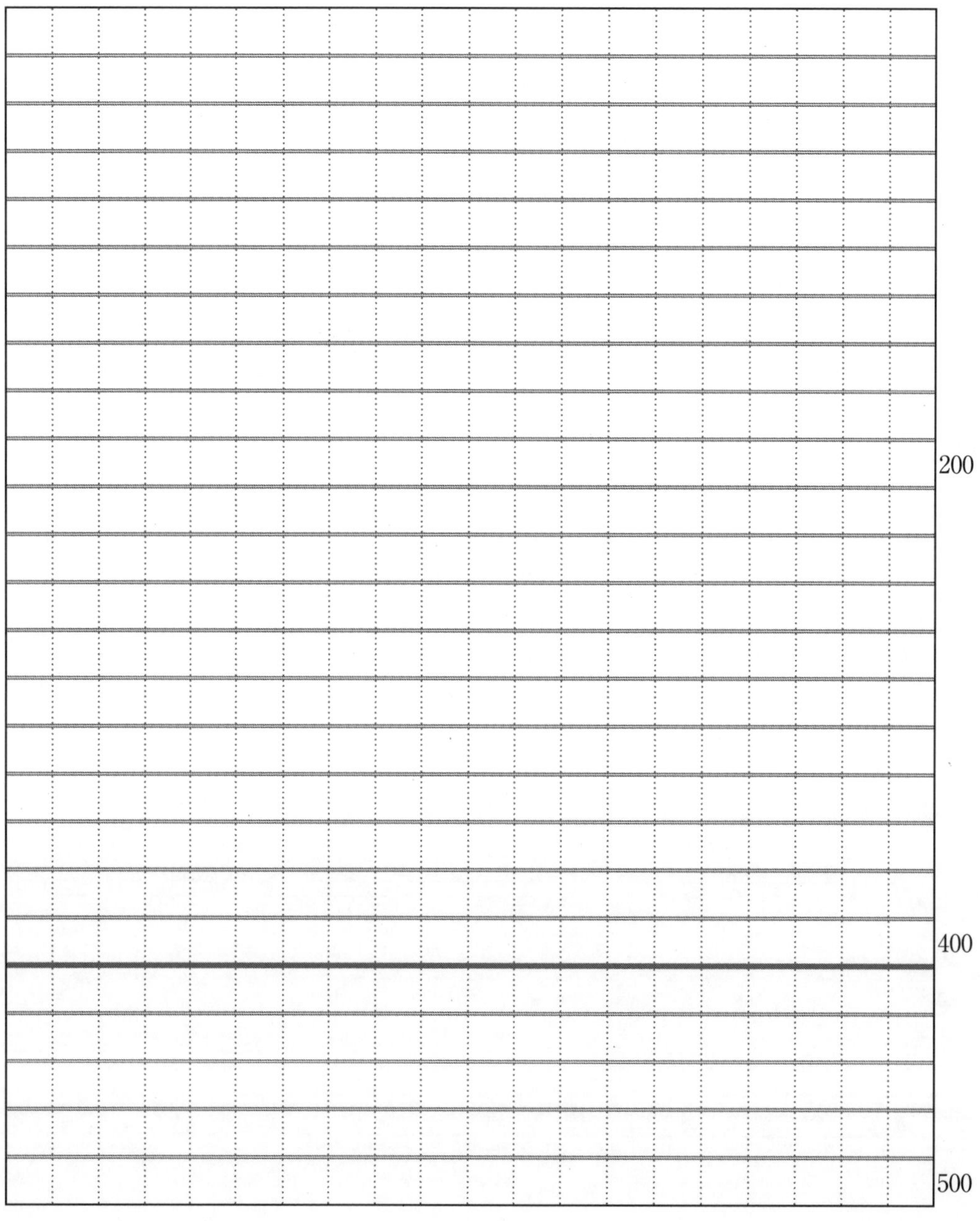

得点

【読解問題】

Ⅰ		①	②	③	④
Ⅱ		①	②	③	④
Ⅲ		①	②	③	④
Ⅳ		①	②	③	④
Ⅴ		①	②	③	④
Ⅵ		①	②	③	④
Ⅶ		①	②	③	④
Ⅷ		①	②	③	④
Ⅸ		①	②	③	④
Ⅹ		①	②	③	④
Ⅺ	問1	①	②	③	④
	問2	①	②	③	④
Ⅻ	問1	①	②	③	④
	問2	①	②	③	④
ⅩⅢ	問1	①	②	③	④
	問2	①	②	③	④
ⅩⅣ	問1	①	②	③	④
	問2	①	②	③	④
ⅩⅤ	問1	①	②	③	④
	問2	①	②	③	④
ⅩⅥ	問1	①	②	③	④
	問2	①	②	③	④
ⅩⅦ	問1	①	②	③	④
	問2	①	②	③	④
	問3	①	②	③	④

得点

【聴読解問題】

1番	①	②	③	④
2番	①	②	③	④
3番	①	②	③	④
4番	①	②	③	④
5番	①	②	③	④
6番	①	②	③	④
7番	①	②	③	④
8番	①	②	③	④
9番	①	②	③	④
10番	①	②	③	④
11番	①	②	③	④
12番	①	②	③	④

得点

【聴解問題】

1番	正しい	①	②	③	④
	正しくない	①	②	③	④
2番	正しい	①	②	③	④
	正しくない	①	②	③	④
3番	正しい	①	②	③	④
	正しくない	①	②	③	④
4番	正しい	①	②	③	④
	正しくない	①	②	③	④
5番	正しい	①	②	③	④
	正しくない	①	②	③	④
6番	正しい	①	②	③	④
	正しくない	①	②	③	④
7番	正しい	①	②	③	④
	正しくない	①	②	③	④
8番	正しい	①	②	③	④
	正しくない	①	②	③	④
9番	正しい	①	②	③	④
	正しくない	①	②	③	④
10番	正しい	①	②	③	④
	正しくない	①	②	③	④
11番	正しい	①	②	③	④
	正しくない	①	②	③	④
12番	正しい	①	②	③	④
	正しくない	①	②	③	④
13番	正しい	①	②	③	④
	正しくない	①	②	③	④
14番	正しい	①	②	③	④
	正しくない	①	②	③	④
15番	正しい	①	②	③	④
	正しくない	①	②	③	④

得点

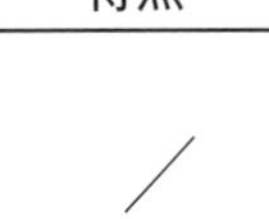

合計得点

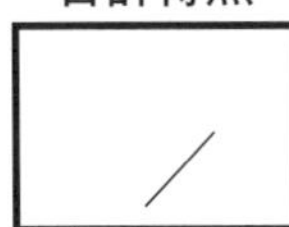